创业大本营

郑佳明　周发源 ◎ 主编

人民出版社

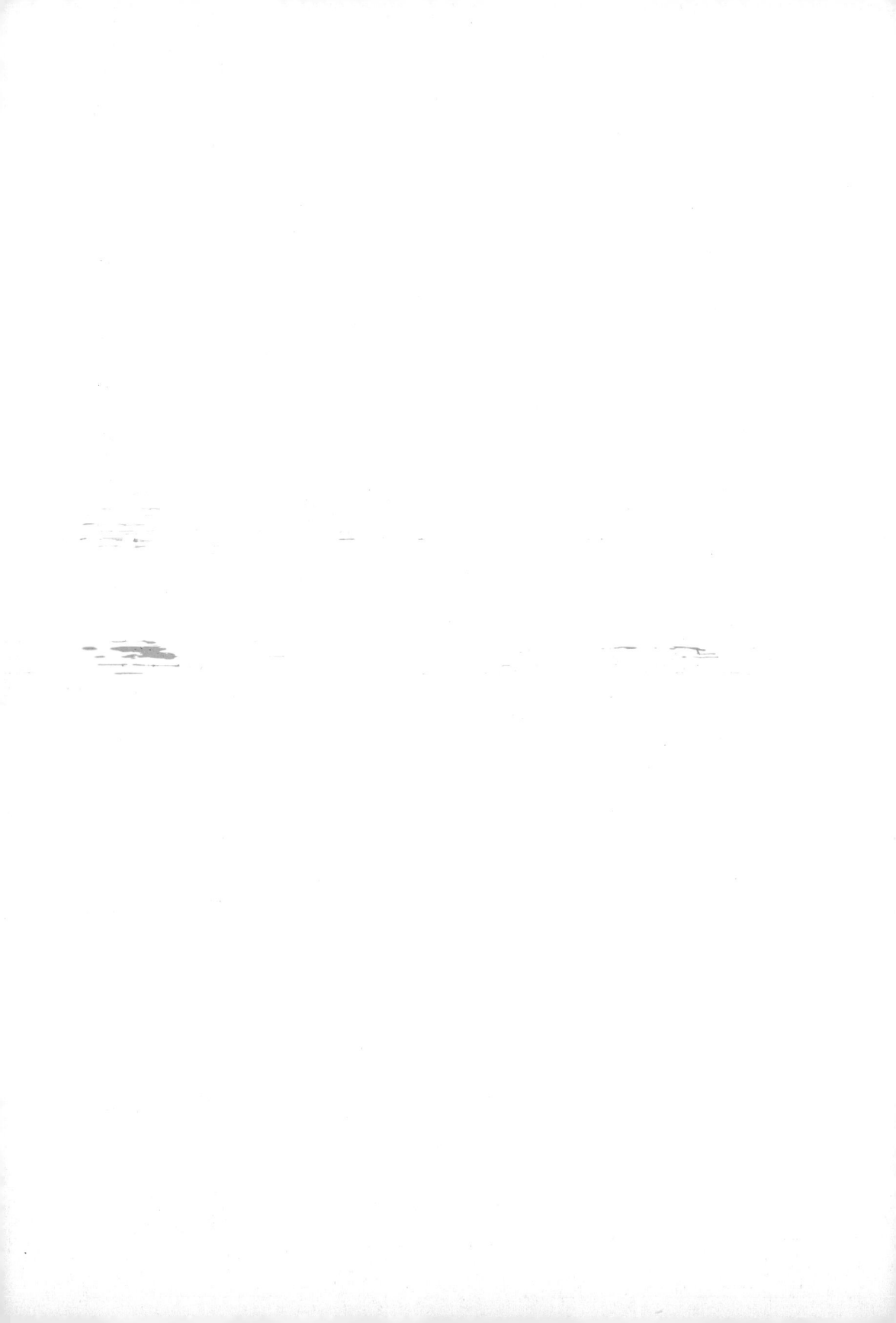

序　言

让更多的人成为创业者

——路建平

　　30余年来，中华大地曾涌出无数创业英雄。当年，他们激情创业；今日，他们成就辉煌。中国30余年的改革开放史，也是一部中国人民的创业史。创业改变了中国，创业推动了历史。

　　创业，一直是中国改革开放的主题。1978年党的十一届三中全会以来，我国兴起过四次创业浪潮：第一次是以城市边缘人群和农民创办乡镇企业为特征的创业。统计数字显示，从1979年到1984年，全国共安置4500多万人就业，城镇失业率从5.9%迅速下降到1.9%。第二次是以体制内科研部门的科研人员和政府部门的行政人员下海创业为特征的创业。第三次是世纪之交，伴随新经济的发展，以大量留学人员回国创业为特征的创业。第四次是由这次全球金融危机和就业危机所"倒逼"的农民工创业和大学生创业。前不久，全国政协委员、中国人事科学研究院院长吴江曾说，我国的大学生创业率还不到1%，这和欧洲20%—30%的创业率来比还有很大的距离，提升空间很大。科学证明，创业在扩大就业方面具有倍增效应，平均每名创业者带动就业3.8人。据调查，目前全国回乡800万农民工创业，已经带动3000万人的就业，确实能达到"吸引一人返乡创业，带动一批人就业致富"的效果。创业，既是富民强国之路，又是应对经济危机之策；既是时代的呼唤，又是我们这一代人的历史责任；既是最好的就业，又是改变命运的神奇通道。

实践承载梦想，创业成就未来。党的十七大提出"以创业带动就业"的政策，为我们创业和就业开创了一条通向国运昌盛、人民富强的阳光大道。特别是2008年以来面对国际金融危机的严重冲击，湖南始终坚持科学发展的理念，始终坚持"一化三基"的发展思路，在实施"保增长、保稳定、保民生"的战略任务中，把鼓励创业、支持创业摆在突出的位置，把解决就业的思路调整到激励创业上，出台优惠政策，强化引导服务，营造创业环境，正在探索一条以创业带动就业，让更多的人成为创业者的新路子。

当前甚至今后更长一段时间，严峻的就业形势还将考验各级党委政府，考验我们每一个人。就党委政府而言，就是要贯彻落实科学发展观，坚持"政府促进、社会支持、市场导向、自主创业"的原则，大力培育创业主体、拓展创业空间、加强创业服务、弘扬创业精神，通过政策支持和服务保障，营造全民创业的社会导向，优化创业环境，激发创业活力，鼓励和扶持更多有创业意愿和创业能力的劳动者自主创业，并带动更多劳动者就业。就创业者团队或者个体而言，需要聪明与才智，需要胆量与见识，需要开拓与创新，需要竞争与合作，需要规划明天，挑战自我。思路决定出路，只有解放思想，才能敢于打破旧的条条框框，不因循守旧，不墨守成规，敢走前人没有走过的路。创业的温州人经常说："宁愿睡地板，也要做老板；宁愿做生意一个月只赚1000元，不愿打工一月赚3000元。"行动决定结果，实践检验真知。我国研制"两弹一星"的英雄们，哪一个不是经过十几年甚至几十年的奋斗？我国杂交水稻之父袁隆平，一辈子钻到稻田里，选种育种，夏天在湖南，冬天在海南，才解决了数亿人的吃饭问题。他们的事迹证明：那些坐不下来、钻不进去、怕苦怕累、好逸恶劳者，绝对创造不出好的业绩。

江山代有才人出，各领风骚数百年。湖南人向来有"敢为天下先"的传统。湖南省社科联组织编写的《创业大本营》一书，以开阔的视野、生动的阐释以及大量的事例，对创业的理论基础、实践依据、历史发展以及现实路径，作了深入浅出的生动阐述。该书图文并茂的形式、生动活泼的语言、老少皆宜的风格、雅俗共赏的内容，既适合作为理论工作者和管理工作者的参考书，又适合作为初入社会、正准备投身创业的青年学子们的入门之书。期待更多的优秀社科普及作品问世，为落实科学发展观，促进全民创业，起到先导作用。

（作者系中共湖南省委常委、宣传部部长）

目 ■ 录 ■

2 创业抉择——成就梦想第一步

3 创业方略——让拼搏远离盲干

6 科学发展——全民创业成潮流

导　言

创业
——我们时代的主旋律

如果用一个词来概括当今时代的特征，那么，"创业"也许是一个不错的选择。当创新、效率、经济、利益、技术等词语经常被人们以各种方式谈到的时候，当创业成为全民的普遍行为时，显然，我们已进入了一个大创业时代。

美国著名的管理学家彼得·德鲁克说："创业型社会的出现是历史上的一个重要转折点。"现在，"创业"已成为日常用语中的一个关键词，绝大多数国家都在尽可能地制定有利于创业的政策，创造有利于创业的环境，以激发国民的创业热情。

中国自从进入改革开放时代，也就进入了大创业时代。改革本身就是创业。改变旧体制，建立新体制，这个过程就是创业过程。废除农村人民公社，建立家庭联产承包责任制；改革僵化计划经济体制，建立充满生机的市场经济体制；打破"铁饭碗"，建立现代企业制度……这一波又一波的改革浪潮，不就是一波又一波的创业浪潮吗？改革推动创业，创业成就改革。

大创业，已经是我们这个时代的主旋律，正在成为我们走向富强民主文明和谐的动力源。

●

　　《辞海》对"创业"这样定义："创业，创立基业"，即指"开拓、开创业绩和成就，包括个人、集体、国家和社会的各项事业"。这是一种广义上的"创业"定义。广义的创业主体包括：民族、国家、社会、团体、家庭、个人。创业行为则是创业主体所实施的具有创造性、新颖性并获得一定成效的行为。因此，广义的创业可以指创办一切有益于人类和社会的事业，包括创建新的国家和社会组织，创设或优化国家体制和社会发展机制，以及各种合法组织的运行管理体系。

　　以研究创业著名的美国布森商学院，联合英国伦敦商学院发起跨国合作调研项目——全球创业监测，其首个报告于1999年发布，其中对创业作了如下定义：创业是"依靠个人、团队或一个现有企业，来建立一个新企业"。很明显，这里的创业主体，只是指企业。创业行为是指企业的一切创新性活动，包括自我就业、新业务组织的成立和现有企业的扩张。这是一种狭义的"创业"定义。按照这种思路，"创业"是一个创造出新的企业、新颖产品或服务，并力求实现其潜在市场价值的过程。

　　那么，我们是从何种意义上来探讨和描述中国的创业活动呢？显然，我们呼吁和鼓励创业，并非鼓励和呼吁全民去经商、去发财，我们并不限于单一的经济视角。我们更倾向于通过每一个体、每一个集团乃至全民族的创新性活动，推动社会全面进步与发展。显然，我们所说的"大创业"主要是指广义上的创业。

当然，"创业"的广义与狭义之分，只是为了理论分析的方便，而在实践中，两者往往相互依存，难以分割。个体和团体的创业活动，只有在国家、社会提供的适宜创业的环境中才有可能成功和发展；而国家和社会推出的创业方针政策及制度设计，必定会促进个体和团体创业行为的涌现。总之，无数个体和团体的创业活动，是构成国家、社会整体的创业的基础；国家、社会的创业总落实于无数个体和团体的创业活动中。我们提倡创业精神，既可以表现在个体身上，也可以表现在群体身上，还可以表现在国家、民族身上。就是在这种个人、团体与国家的多向交融与互动中，汇成了一个民族总体的创业精神。

联想集团主要创始人、董事局主席柳传志说过："我们国家最需要一种创业精神，就是每一个人通过自己的创新，把一种不可能变成可能。我觉得这就是一种创新，每个人都可以做。对我们国家来讲，拥有和弘扬这种创业精神，我们在国际上的竞争力可以不断升级。"因此，创业总是由个人、团体、国家相互作用而推进的。

不管是广义的创业还是狭义的创业，其内部贯穿的核心精神是一样的，即创业精神就是一种积极进取、自强不息地追求事业或为社会做贡献的精神。

创业精神，应该成为并且已经成为当代中国文化的核心要素。自鸦片战争到新中国成立之前，前辈曾有"教育救国、实业救国"等创业之举；新中国建立之后，有"大庆精神"、"红旗渠精神"、"两弹一星精神"等无数创业之例。2008年抗震救灾精神、奥运精神、"神七"精神，都彰显了中华儿女的创业精神和爱国激情。要推动全民创业，就要弘扬创业精神。艰苦朴素、任劳任怨是一种创业精神；解放思想、与时俱进、开拓创新也是一种创业精神。创业精神不仅要求准确地把握住时代的脉搏，"跟得上"时代的发展步伐，更要求有敢为天下先的勇气。如果将这些精神转化为全国上下、各行各业的具体行动，则中国必将迎来一波又一波的全民创业浪潮。所以，党的十七大报告强调，要"尊重人民主体地位，发挥人民首创精神"。

放眼全球，透视历史，全民大创业正是大国崛起的真正奥秘。

从某种意义上说，航海大发现是欧洲冒险者的"创业之旅"。当哥伦布等航海家扬帆起锚的时候，当时地球上绝大多数人都还不知道地球是方是圆！然而，未知世界丝毫没有阻挡住西方人探索新世界的脚步。1656年，在阿姆斯特丹新的市政厅落成典礼上，市民们进行了7天狂欢。冯德尔，这位号称荷兰"莎士比亚"的伟大诗人，特意写了一首颂歌，歌词大意是，我们阿姆斯特丹人扬帆远航，利润指引我们跨越海洋。为了爱财之心，我们走遍世界上所有的海港。

对财富的渴望，激发了荷兰官民合股冒险的愿望，从而展开了一系列的制度创新。比如，通过向社会融资的方式，东印度公司成功地将分散的财富变成了自己对外扩张的庞大资本。到17世纪中叶，东印度公司已经拥有15000个分支机构，贸易额占到全世界总贸易额的一半。悬挂着荷兰三色旗的10000多艘商船游弋在世界的五大洋之上。

后起的英国，在前者的示范和刺激下，朝野上下热衷于通商和赚钱。"弄钱是人生的主要之事。"这是在新教思想影响下的"上帝的选民"们所信奉的人生信条。当时民众的创业活动，既受到自己发财之心的驱动，也受到成功者的示范影响，还得到了国王的鼓励支持。瓦特发明万能蒸汽机，绝非仅仅是出于对科学的热爱。瓦特出生于经商世家，从小受到熏陶。在当时英国的民间，从事创业经商、谋求发财致富早已蔚然成风。赚钱成为了民众的主业。而且，发明创造在当时是积聚巨额财富的重要捷径。正当地追求现世利益与享受，永远是百姓努力劳动的第一驱动力。

国民创富，使一些蕞尔小邦迅速成为先进强国。从"小店主"起步的英国，一度成了人类历史上第一个真正世界性大国。工业革命推动了科技创新，科技创新更引发了广泛的商业贸易和军事革命，从而打造出当时强大的"日不落帝国"。利益、财富和权力引来无数的追随者，他们善于系统学习，并实现成功赶超。这些"追随者"是西方的法国、德国、俄国，东方的日本、韩国等。

近代，当美国人初次以武力叩响日本国门时，日本还非常落后，但日本人迅速地知道了自己如何落后和为何落后。1871年12月23日启程的岩仓使节团，转了大半个地球，回来编辑了长达100卷、共2110页的《美欧游览实记》，这是比魏源编撰的《海国图志》更直接更全面的关于西方的"第一手"资料。《海国图志》在中国未能引起国人高度关注，相反，连出版和发行都受到冷遇。而日本人却将《欧美游览实记》尊为至宝，在与西方的对比中认识到自己的不足，警醒后积极变法，从此走上了近代化的成功之路。

当今超级大国——美国的历史，开始于早期"亡命徒"的探险、创业和殖民活动。在建立起市场经济体制和社会创业驱动机制之后，经过19世纪的"西进运动"、南北内战、第二次工业革命、产业垄断、金融创新等一系列运动，美国崛起为西方强国。20世纪则几乎成为"美国世纪"。在以计算机和网络为核心的第三次工业革命中，美国又抢占先机，在政府和社会的推动下，发起了信息革命。硅谷的兴起，就是信息时代美国创业、创新的重要信号，也可以说是美国创业型经济的鲜活展现：个人、团体创造力与政府创业政策、社会创业机制的有机结合。

这里值得一提的是，苏联在战后的早期（20世纪50、60年代）在科技（重点是航天）和生产力的发展上，是一个足以与美国抗衡的"巨无霸"。自17世纪彼得一世雄心勃勃地开启俄罗斯版的"大创业史"后，近现代的俄罗斯就成为了世界举足轻重的一股力量，直到苏联崛起为与美国平起平坐的超级大国。

然而，苏联的崛起是以高度集权的体制为基础的。这种高度集权的体制有一个突出优越性：能有效地动员和组织整个民族、国家的力量干大事。但它又有一个很大的弱点：那就是统得太死，窒息着个体、团体的创造力和积极性。其不可持续的根源在于：个体和团体创业不受鼓励，个人和团体利益不受重视，甚至不受保护。这种体制在宏观层面上具有强大的力量，在中观、微观层面却缺乏生机和活力。在高度集权的计划经济体制下，整个国家相当于一个总公司，地方、部门、企业、农场、学校等只是分公司、子公司、孙公司而已，个人几乎丧失了创业创新的平台，整个社会机体几乎没有了微观细胞，只有"链条"和"螺丝"。在这种高度集权和僵化的体制下，民间企业、社会团体、民间公益事业等难以发展，它们既缺乏自身利益的诱导，又缺乏市场竞争的淘汰，从而导致整个社会缺乏生机和活力。

而美国，却是以市场为基础的创业体系。一个个微观实体（包括非赢利性公益组织），出于自身利益的动机而激烈竞争，在创新、创业方面表现得极富活力。既有众多而庞大的赢利性企业，也有大量的和大规模的公益基金会。没有赢利性企业的成长和壮大，当然不可能有富有的个人、家族和高收益的企业，公益捐赠自然成为"无源之水"，不可能发育、发达起来。政府提供优质高效的公共服务，市场配置和调节各种资源，激活创业细胞，调动创业主体的积极性、主动性，是美国创业体系的重要特征。

美国和苏联，都曾是"疆土大国"、"工业大国"和"科技大国"，都曾充当了"超级领班"的角色，但两者的结局却迥然不同。苏联是在计划经济体制下组织"全民成建制创业"，美国是在市场经济体制下激发"个体竞争式创业"。前者因为僵化而失败，后者因为活力而胜出。两者最终此消彼长，并非主要由其社会意识形态的优劣之别而决定，而是因为创业机制抑制或激发了全民创业的精神、能力与活动。

总之，历史的启示和现实的教训就是：国家无论大小，崛起早晚，都要永葆创业进取精神，要永葆独立自主、不断创新的能力。否则，贪图安逸、因循守旧、依赖外来技术和文化，都难免挨打受辱。

三

在西方主要发达国家自近代开始先后走上以工业化、城市化为主要特征的现代化之路时，曾经强大辉煌的中国由于种种原因逐步陷入了落后的深渊，其原因之一就是限制全民创业，窒息着经济社会发展的细胞。

甲午中日战争之前，当日本人正在进行以实现"近代化"为目的的明治维新时，晚清则在进行着一场在强大官僚资本支持下的洋务运动。明治维新以后，日本的矿山、企业、甚至铁路都转给了私人经营，而晚清却立下了不许私人开矿山、建工厂等一系列限制创业创新的法规，对民间企业百般刁难，及至蒋介石统治中国时，中国民族企业发展依然步履维艰。小商人纷纷破产，小商号不断倒闭，作家茅盾笔下的"林家铺子"的倒闭就是当时集权体制的生动写照。

从新中国成立至"文革"末期，中国基本上是在强力推进着高度集权的计划经济。微观主体（个人、家庭和企业等单位）没能够被当作"正当利益主体"看待，而只是集权机器上的一个零件（"螺丝钉人"）。这种模式虽然在历史上一定时期发挥了重大作用，但窒息了个人、家庭、企业的生机与活力。在和平建设时期，不是鼓励而是抑制和打击民众民间的自由经商、创业经营的活动，是不利于经济社会发展的。

中国改革开放的30年，是一场由高度计划经济体制向社会主义市场经济体制转变的革命，这场革命释放了微观经济主体的活力，既保持了社会主义集中力量办大事的优势，又充分调动了各方主体的创业积极性，补齐了原有计划经济体制的"短板"（中观弹力和微观活力）。因而，当今中国的"全民创业"堪称为前所未有的"官民大创业"。

在与发达国家的同期比照中，全民创业精神的激发、社会创业机制的建立，曾经是被我们长期忽略的环节。殷鉴不远，我们应当紧紧围绕激发全民创业精神，建立完善全民创业体制机制，去宣传、去鼓励、去设计、去谋划、去改革。中国改革开放30年经济社会发展的伟大成绩，是伴随着激发全民创业激情，完善全民创业体制机制而取得的。从1956年中国实现"公私合营"以后，中国民众个人的创业热情几乎绝迹。直到改革开放以后，随着理论创新和实践创新的不断发展，我国的创业体制机制逐步完善，为地区、企业、个人的创业创新提供了巨大平台。30年来，我国在以建立健全法律法规为主导的社会创业体制机制方面，做了大量工作，取得了较大进展。创设了一些核心机制：以《公司法》为核心的经济法规体系、知识产权保护体系、国民财产保护体系等。配套建设了辅助机制：创业投融资体系、中小企业促进扶植体系、政府机构提高效率服务工作体系等。

中国全民大创业时代真正到来了。

我们已经走过的30年路程，可视为一个历史性大创业周期的"前创业段"。今天，我们已经步入又一个30年，大创业的浪潮将更为汹涌，中国前进的步伐将更为坚定，富民强国的梦想必将成为现实。

1

富民强国
——改革开放大创业

"改革，是第二次革命。"
"不坚持社会主义，不改革开放，不发展经济，不改善人民生活，只能是死路一条。"

——邓小平

为什么曾经贫瘠的土地开满鲜花？为什么曾经绝望的眼睛充满希望？为什么东方巨龙在新世纪能腾空而起？为什么一个曾经贫苦多难的民族正在走向伟大复兴？

30年，在人类历史长河中仅是短暂一瞬，而就是这短暂一瞬，中国完成了自身蜕变，完成了从贫穷到富强的世纪大跨越。

站在新的历史起点上，沿着时空隧道回溯历史，我们断难忘却，在那改革开放巨轮滚滚碾过的地方，中国人民历经沧桑，奋起直追，走出了一条创新创业的富民强国之路。

波澜壮阔的时代，强国与富民紧紧相连，强国为了富民，富民就是强国，这就是中国改革开放30年来中国迅猛发展的全部真谛。

1.1 创业蜕变：改革开放 力辟新路

　　她从远古走来，穿过蛮荒的中原古道，目睹过金戈铁马与烽火狼烟，耳闻过牧童短笛与秦淮笙歌，经历过无数次的王朝更替、兴衰轮回，沉沦与重生，萧瑟与浮华。回首数千年，弹指一挥间，白云苍狗，沧海桑田。历史的足音汇聚成一曲曲悠扬而高远的歌谣……

　　她，就是生我养我的土地、古老而又年轻的国度——中国。慷慨壮歌30年，在这片土地上，绘出了一部中华民族波澜壮阔的创业史。

■ 峰回路转 旌旗高扬

　　当一位伟人在天安门城楼上高唱"中华人民共和国成立了"，世界为之瞩目，四万万同胞齐声欢唱，他们渴望从此过上幸福美满的好日子。随着亿万农民分到自己的土地，千万工人成为国家的主人，创业致富激发了亿万中华儿女建设新中国的巨大热情，涌现了王进喜、时传祥、吴吉昌等一大批劳动模范，社会主义事业从此蒸蒸日上，不断迈出新的步伐。

然而，"文化大革命"那场浩劫，中断了中国人创业的步伐。

1978年，一个历史转折的十字路口。十一届三中全会。改革开放。现代化建设。三组关键词，让人们依稀梦回，记忆起那一幕非凡的历史场景——

舞台的中央，一位老人在沉思。袅袅的烟雾，环绕四周，仿佛是老人的万千思绪。这时，老人掷地有声地喊出四个字：改革开放。舞台后面是渐行渐远的"以阶级斗争为纲"的呻吟。舞台的前方则是愈来愈嘹亮的"在希望的田野上"的歌声。"文化大革命"的历史闹剧曲终人散，改革开放的春风吹绿了神州大地。

30年过去了，解放思想、创新创业已成时代关键词，"以人为本"、"求真务实"、"与时俱进"也成为社会生活的主流话语。

有一首歌唱得好，它把人们通过创业摆脱贫困的心声鲜明地表达了出来，"我的故乡并不美，低矮的草房苦涩的井水，一条时常干涸的小河，环绕在小村的周围……"这是对中国改革前贫困农村的真实写照。

1978年，中国的GDP总量仅3645.2亿元人民币，人均GDP也只有381元，国家的财政收入仅有可怜的1132亿元。这点家底，对于长期贫困的中国，犹如点滴细雨，根本滋润不了干涸的大地。那个年代，国民经济濒临崩溃的边缘，人民群众的生活改善停滞不前。

　　改革开放是改变中国命运的关键一招，它如滚滚春雷激荡着中国大地。还是那首歌，飘在中国的上空，从北飘到南，从西飘到东。"……我要用辛勤和汗水，把你变得地也肥呀，水也美呀，地肥水美。"这歌声饱含着一个民族的期盼和决心改变贫穷面貌的壮烈情怀。

　　改革开放为中国注入了活力，中国经济快速发展，社会空前繁荣，人民安居乐业，"风景这边独好"，这震惊了世界，也引起西方一些经济学家疑惑不解。曾有一位西方学者预言：中国即将崩溃。他用西方人的眼光考察中国经济，认为中国经济发展过快，形成经济泡沫，而且越吹越大，"中国泡沫"即将破灭，中国经济即将崩溃。然而，中国继续保持稳健的增长速度。无论是2008年博鳌亚洲论坛年会，还是2009年世界20国首脑伦敦峰会，世界政要和学者都以自己的方式和眼光感叹中国改革开放30年的巨大变化。他们寄希望于中国发展，研究中国模式，关注中国模式，对中国模式予以高度评价，中国模式成为世界的热点、焦点，"不可思议"、"中国奇迹"、"历史性变化"等，成为世界评价中国社会的常用词。

名人名言

　　中国改革的经验对于世界上许多国家，尤其是东南亚、非洲和拉美国家在消灭贫困和实现工业化的进程中起着重要的借鉴作用。

——世界银行副行长　林毅夫

随着金融危机的到来，一些中国即将崩溃和威胁世界的预言都已成为笑柄，中国并没有成为泡沫，倒是美国"金融帝国泡沫""砰"然破灭，由次贷危机引发连锁反应造成整个资本主义阵营的混乱，与中国稳健发展的现实相比，该是西方学者对自己预言反思的时候了。

2002年的一个早春，时任美国总统的乔治·布什登上八达岭，极目远眺，但见长城内外，生机盎然，不禁大发感慨："长城依旧，而中国却今非昔比。"当年这位驻华使馆的美国小伙儿曾骑着自行车逛遍了北京的大街小巷，竟然对熟悉的中国恍然若梦，惊叹不已。

冬去春来，花落花开，多少惊天动地的伟业令世人瞩目。当中国在抗击冰雪灾害和特大地震灾害中取得重大胜利的时候，当北京奥运会、残奥会圆满成功的时候，当神舟七号载人航天飞行任务胜利完成的时候，当中国应对国际金融危机取得积极成效的时候……谁还能怀疑，一个勤劳勇敢、奋起创业的民族，正在续写着自身的传奇，集聚着无穷的力量。

■ 从"站起来"到"富起来"

如果说毛泽东时代让中国人民真正地"站起来了"，那么进入改革开放新时期，是邓小平使中国人民真正"富起来了"。从"带领穷人打倒富人到把所有的穷人变成富人"，中国特色社会主义把"发展为了人民，发展依靠人民，发展成果让人民共享"变为现实。人民不仅是一个抽象的集体概念，而且是一个个具有活力的生命个体，幸福美好的生活已经与一个个活生生的人连在一起。

中国老百姓家庭大多经历过"三大件"的故事。

从"老三件"到"新新三件"

改革开放前，普通家庭以拥有自行车、手表、缝纫机（"老三件"）为荣，20世纪80年代，则以拥有电视机、洗衣机、电冰箱（"新三件"）为荣，当今，则以拥有电脑、小汽车、商品房（"新新三件"）为小康标准。

从百元级"老三件"到千元级"新三件"再到万元和几十万元级"新新三件"，老百姓的消费品档次升级换代，生活质量不断提高。

这是中国千千万万家庭从贫穷到温饱再到小康经历的缩影，它证明了一个深刻的道理：国运、家运和个人的命运与民族振兴如影随形、紧紧相连。

激荡改革30年，中国人民从"30年河东"到"30年河西"。从穿粗布衣服到穿名牌服装，从赤脚步行到坐小轿车，从吃红薯到吃海鲜，从住破瓦房到住小洋楼，从一无所有到应有尽有。这生活的巨变折射出富民强国、创业奋斗的踪迹。正是创业，展现了人的生命价值，提升了人民的生活质量。

20世纪60年代，国家物资短缺，提倡有啥吃啥。巴金先生写了一篇文章，说是应该"吃啥有啥"，结果招致讨伐。巴金先生要是活在今天，断不会遭此冤枉。今天已不仅是"吃啥有啥"，而且正在向"想啥有啥"迈进。

不能忘记过去，曾经的苦日子如老人言，"人家有年我无年，吊着的猪头要现钱，有朝一日时运转，每每日日像过年"。而眼下人们的生活真的就像天天过年。统计数字也不再枯燥，它清楚表明人民生活水平的改善和提升——

1978年中国城镇居民人均可支配收入仅有343元人民币，2008年则达到15781元；1978年农村居民人均纯收入只有134元，2008年达到4761元；1978年全国农村没有解决温饱的农民总量大概是2.5亿人，到2008年底减少到4007多万人。人们消费水平和生活质量也明显提高，居民消费基本改变了多年来以吃穿等生存资料为主的格局，城镇居民家庭购买食物的人均支出在消费总支出中的比重，从1978年的57.5%下降到2008年的37.9%，农村从1978年的67.7%下降到43.7%。

"三步走"战略

改革开放初期，邓小平同志设计了分"三步走"基本实现现代化的宏伟蓝图，这就是：第一步，从1981年到1990年国民生产总值翻一番，解决人民的温饱问题；第二步，从1991年到2000年使国民生产总值再增长一

倍，人民生活达到小康水平；第三步，到21世纪中叶国
民生产总值再翻两番，达到中等发达国家水平。

"手中有余钱，吃穿不用愁"，社会商品供应越来越充
分，城乡居民收入大幅增加，"繁荣"、"殷实"、"小康"
等，这些令人欣喜的词汇，描绘出人民祥和安定的愿景。而且
在社会生活中，行行出状元，劳动和劳动者受到尊重，人才资
源价值得到展现，社会树立起共同的理想与信仰。

湖南著名花鼓戏《补锅》，曾几何时象征着一种职业。
上年纪的人可能还依稀记得补锅匠走街串巷、拉风箱补烂锅
的情景。然而，今天无论是繁华街头，还是农家小院，都再
难觅补锅师傅的身影了。贫困年代远去，补锅匠也远离了人
们的视线。一个旧职业的消失，送走的是一个旧的岁月；无
数新职业的涌现，迎来的是一个新的天地。生活的富足与安
康，群众家庭财产增多，吃穿住行用水平提高，改革开放前
长期困扰人们的物品短缺状况已经从根本上得到改变。

尽管还有贫困和弱势群体，但贫困人口的数量正在减少。
2004年全球扶贫大会在中国召开，充分肯定中国扶贫成绩尤其是
中国开发式扶贫道路。联合国开发计划署2005评估报告认为，中
国提前完成千年发展目标中贫困人口减少的目标，为世界反贫
困事业作出了重大贡献。前不久，世界银行公布数据表明，过
去25年来全球脱贫事业所取得的成就中，有67%归功于中国。

社会生活水平整体提高，使老百姓踊跃地参与市场经济，遵循着现代经济运行规则办事。炒股票、炒期货、融资、抵押、按揭等等，正成为人们生活中的重要内容。老电影《72家房客》曾留下中国住房拥挤不堪的阴影，1992年北京中关村却流传着新72家房客的故事，那一年，联想集团与建设银行签订协议，以分期付款办法集团购房，开创全国首例。参与购房的72位业主中，有一位27岁的年轻经理，他妈妈见儿子一下借贷了二十几万元巨款，吓得发抖，规劝儿子赶紧把借款退掉。而时光飞转到新世纪，买房、贷款、按揭、买基金，一个家庭的住房从几平方米到几十平方米，甚至一家几套房都是平常事。近年来，家庭买小汽车剧增，有车族揶揄说，"路修到哪里，车就堵到哪里"，一方面也表明了车多路挤，一方面也说明了人们生活富裕程度。

沧海横流，方显出英雄本色。毛泽东当年面对中华大地，激情澎湃地吟哦："六亿神州尽舜尧"，"遍地英雄下夕烟"。如今，亿万人民群众正以极大热情投身到波澜壮阔的社会变革中，创业资源、资本活力竞相迸发，创造社会财富的源泉充分涌流。人民群众在创造举世瞩目的成就时，也在提高自身素质，生活方式、精神面貌发生了广泛而深刻的变化。中国社会焕发出蓬勃朝气和创新活力，从草民到白领，从种地农民到城市居民，从打工者到企业家，当今的"无数尧舜"、"遍地英雄"不正是他们吗？

■ 百年梦圆 盛世华章

2008年8月8日，第29届奥运会在北京隆重开幕，那一刻，每一个中国人都充满着骄傲和自豪。世界盛大聚会，各国政要云集，标志着东方巨龙的繁荣昌盛，象征着改革开放的累累硕果。据《北京晚报》2008年5月25日报道，从事汽车零部件经营的亚新科公司董事长兼首席执行官杰克先生，对外界发表了他对中国的观感，"在这里你可以感受到，每一天，历史就在你眼前得以创造。从来没有哪个像中国这样巨大的国家，可以在如此短时间内，正在经历如此巨大变化，这一切堪称空前绝后。在我看来，我正坐在最前排位置上，观赏着地球上最伟大的一场盛剧。"

他说的不错，一个民族百年梦圆、百业并举的大创业，改变着中国，影响着世界。在这场盛大的活剧中，传统的计划经济和新兴的市场经济捉对搏杀。市场经济战胜了计划经济。共和国的肌体不断健壮发达，人民生活如"芝麻开花节节高"。

"小三步走"战略

中共十五大对实现第三步战略目标作了进一步规划，明确提出了"小三步走"的发展目标，即：到2010年实现国民生产总值比2000年翻一番，使人民的小康生活更加宽裕，形成比较完善的社会主义市场经济体制；

到2020年，使国民经济更加发展，各项制度更加完善；
到21世纪中叶新中国成立100年时，基本实现现代化，
建成富强民主文明的社会主义国家。

社会主义市场经济犹如一夜春风，伴随着冉冉升起的朝阳，从东方地平线上吹拂过来，吹遍中国的大江南北，也吹拂起人民追求幸福生活的创业热情。

以家庭承包经营为基础、统分结合的农村双层经营体制已建立起来，公有制为主体、多种所有制经济共同发展的基本经济制度已建立起来，按劳分配为主体、多种分配方式并存的分配制度也已建立起来，国家宏观调控下市场对资源发挥基础性作用的经济管理制度已基本形成。

农家场院的鸡、鸭、牛、羊多了，商场里供应的商品多了，主妇们菜篮子里也丰富多了。农民手里的白条没有了，凭票供应物品的时代也一去不复返了。鸡鸣犬吠，车水马龙，物流如织……这一段如赵本山小品绕口令式的描述，绝非文学戏剧语言，而是人们身边社会现实的巨变。

国家统计局公报的数字记载着中国巨变

从1978年到2008年，中国经济保持稳定高速增长，年均增长9.8%，远高于世界同期平均3%的增长速度。除了中国，还没有任何一个国家能把10%左右的年增长率维

持30年。2008年GDP总量达到30.67万亿元，是1978年的84.7倍。人均GDP达到23095元，比1978年增长了60.6倍。全国财政收入达5.79万亿元，是1978年的51.1倍。中国经济总量已跃居世界第三。现在，中国谷类、肉类、棉花等主要农产品，钢铁、煤炭、化肥、水泥以及电视机、电脑等主要工业产品产量均居世界第一。中国依靠自己的力量稳定解决了13亿人口的吃饭问题。

中国大地每天发生着的创业创富神话，造就了这翻天覆地的变化。它的发生，有赖于观念更新、思想解放，更有赖于符合当代中国国情、充满生机活力的体制机制，是中国特色社会主义的理论体系和道路为全民奋起创业提供了指导和保障。

"傻子瓜子"创始人年广久，因经商三次入狱事件曾让人谈"商"色变。如今，农民上街吆五喝六、兜售商品早已是家常便饭，小皮匠也能成为大企业董事长。中小企业遍地开花、股份公司相继涌现、跨国公司云集中国。资料显示，中国个体私营企业创造的产值占工业增加值比重已达到三分之一以上。法律不再有"投机倒把"的罪行，社会增添了对经商创业的理解与宽容。开放的中国，每天演绎着普通民众追求财富的梦想与精彩。

有学者测算，我国经济的市场化程度已超过70%。农村的集贸市场在20世纪80年代就已活跃，有的近年来开始出现连锁超市，城市商贸市场更加发达。土地、资金、产权、劳动力、人才、技术、信息等要素市场正在形成。在改革开放初，我们只承认劳动创造价值，只允许劳动参与价值的分配。而今，"以按劳分配为主、多种分配方式并存"的分配方式已达成共识。在实践中，各地早已允许资本、技术、管理等非劳动要素参与分配。这些都说明一个事实：我国基本形成了有利于国民自主创业的环境，在社会创业热情的高涨中，人们创富的活力源泉正充分涌流。

资料链接

实现伟大历史转折的党的十一届三中全会

1978年12月18日至22日在北京召开的中国共产党十一届三中全会，是一次很不寻常的会议，是建国以来党的历史上具有深远意义的伟大转折。这次会议坚决冲破了长期"左"的错误的严重束缚，重新确立了马克思主义的思想路线。全会果断地停止使用"以阶级斗争为纲"的口号，作出了把工作重点转移到社会主义现代化建设上来和实行改革开放的战略决策，实现了政治路线的拨乱反正。其伟大历史功绩在于，这次全会开始了党在思想、政治、组织等领域的全面拨乱反正，揭开了伟大的社会主义改革开放的序幕，开辟了建设中国特色社会主义新道路。胡锦涛同志在2008年12月18日纪念党的十一届三中全会召开30周年大会上的讲话中

说："经过30年的不懈奋斗，我们胜利实现了我们党提出的现代化建设'三步走'战略的前两步战略目标，正在向第三步战略目标阔步前进。30年的伟大为我们党、我们国家、我们人民继续前进奠定了坚实基础。实践充分证明，党的十一届三中全会以来我们党团结带领人民开辟的中国特色社会主义道路、形成的理论和路线方针政策是完全正确的。党的十一届三中全会的伟大意义和深远影响，已经、正在并将进一步在党和国家事业蓬勃发展的进程中充分显现出来。"

　　中华大地上的改革开放，就是中国人自导自演的一场历史盛剧。它披荆斩棘、历经磨难，它波澜壮阔、惊心动魄。它吸引了全球的目光，它改变着中国的现状。

　　但改革尚未完功，创业未有穷期，精彩还在继续。被激发出创业激情和创业意识的中国人，内心充满着高歌富强民主文明和谐的期待与梦想。

1.2 一次创业：解放思想 披荆斩棘

20世纪80年代初，中国面临着一种怎样的局面呢？邓小平同志的话十分形象："'文化大革命'结束时，就整个政治局面来说，是一个混乱的状态；就整个经济情况来说，实际上是处于缓慢发展和停滞状态。"的确，当时的中国，百废待兴，百业待举，思想僵化，政治迷茫，社会缺乏活力与生机，经济处于将要崩溃的边缘。

浩劫硝烟虽然散去，大地却乍暖还寒。新旧更替、拨乱反正中意识形态短暂的真空，使20世纪70年代末80年代初中国犹如被擦去涂鸦的纸页，亟待重新书写与构思。

改革需要破冰之船，创业需要解放思想。如何披荆斩棘向前走？真理标准大讨论和教育制度大改革，激起了人们思想的涟漪。

街上游行队伍不见了，口号声也消逝了，年轻人纷纷走进久违的图书馆。"落后就要挨打"、"不发展就要被开除球籍"，人们苦苦寻觅民族兴旺发达的秘诀，寻找避免再陷荒唐的办法。头脑中不约而同地冒出两个金光闪闪的大字：创业！

"如今迈步从头越"、"开始新长征",恰是当时中国百废俱兴的现实和人们精神亟待振奋的生动写照。

1978年到1991年,中华大地涌起了第一次全民大创业的浪潮。创业意味着艰辛与汗水,意味着生命诞生的阵痛,意味着对旧羁绊割裂和对未知领域的探索,意味着从无序走向有序,从无知迈向创富……创业是羸弱巨人恢复生机活力的开端和动力。

一轮又一轮重大变革令人振奋:农村经济全面复苏,个体私营经济蓬勃发展,民营企业做大做强,国有企业改革稳步推进。

从国家到民间,大创业实现"原始的积累"。这每一步,中国迈得艰辛而沉稳,但迈出了泱泱大国的胆略与智慧。因为,中国大地上,创业的回声开始引导着千百万人信心百倍、勇往直前。

■ 廓清迷雾 探索特色之路

思想的变革引领社会的变革,每当历史发展的关键时刻,必然通过思想的解放来促进生产力的解放,进而掀起经济社会大变革。

20世纪70年代,世界正涌动"第三次浪潮",新科技革命和新一轮经济全球化蓬勃兴起,以电子信息技术为代表的新技术革命迅猛发展,国际经济竞争日益加剧。而与此形成鲜明对照的是，中国由于长期坚持"以阶级斗争为纲"，追求"一大二公三纯"的"理想"，生产力发展受到严重束缚，国民经济停滞不前，人民生活长期得不到改善。在世界经济快速向前发展的时候，我国经济实力、科技实力却与国际先进水平差距日益拉大；当发达国家纷纷进行后工业革命，发展中国家加紧迈向现代化的时候，我国却处于封闭与内耗之中。

改革开放前中国经济实力与国际先进水平差距日益拉大

　　1955年，中国国民生产总值占世界的4.7%，到1980年下降到2.5%。1960年中国国民生产总值大体和日本相等，到1980年，只有日本的25%。1959年，中国出口总值占世界出口总值的1.59%，居第12位，1980年下降到0.75%，居第32位。1978年，中国外贸进出口总额为355.1亿元，即206.4亿美元（按当年汇率折算），占当年工农业总产值的6%，不到世界贸易总额的0.8%。

经济的滞后缘于思想的落后。一切从本本出发，迷信盛行，思想僵化，是当年社会的重要特征。一系列"左"的观点和某些空想色彩的社会构想，被当作时髦词句和对马克思主义原理的重大发现。科学理论被严重扭曲，一些谬误甚至是封建的东西被附加上马克思主义和社会主义的光环，招摇于世，混淆视听。

长期以来形成一种僵化的模式和观念，认为苏联模式就是社会主义，违背它就是违背社会主义。摒弃苏联模式，一时又走向一系列新的荒诞——亩产一万斤的"放卫星"现象、"跑步进入共产主义"的激情幻想、"宁要社会主义的草，不要资本主义的苗"的病态教条、"一句顶一万句"的阴谋家谎言。

50年代后期以来特别是"文化大革命"，个人崇拜束缚着许多人的头脑。拨乱反正每前进一步都十分艰难。严峻的现实告诉人们：要走出历史的阴霾，必须从指导思想上彻底清除"左"倾错误，科学总结建国以来成功和失误的历史经验，正视世情、国情、党情和民情，探索出一条生产力发展、人民生活改善、国家实力增强的新路。

1978年某一天，《人民日报》一个不起眼的位置上刊载了一篇有关养牛的文章。这在今天看来，是一件再普通不过的事。然而，那时候这篇文章，却引起轩然大波。一些人激动不已，他们从中感到了某种思想解放的信息；一些人则极为恐慌，他们觉得，文章里面可能含有"资本主义的尾巴"。

"纸船明烛照天烧"，中国需要一次思想的大扫除。1978年9月，邓小平视察东三省，行程数千公里，走一路，讲一路，用他自己的话说是到处点火。他反复强调，现在摆在我们面前的问题，关键是要坚持实事求是，理论与实际相结合，一切从实际出发。

人们听到了两种截然不同的声音：

一个说："凡是毛主席作出的决策，我们都坚决拥护；凡是毛主席的指示，我们都始终不渝地遵循。"

一个说："一个党，一个国家，一个民族，如果一切从本本出发，思想僵化，那它就不能前进，它的生机就要停止，就要亡党亡国。""我们必须世世代代地用准确的完整的毛泽东思想来指导我们全党全军和全国人民。"

两种声音，两种立场，两条路线。纵横交错、泾渭分明，激荡起新旧思想交锋的壮烈景观。

历史机缘促发一场大的讨论。这场讨论，便是可载入史册的真理标准问题大讨论。这是一场带有硝烟的论战。这场论战过后，我们党重新确立了"解放思想，实事求是"的正确路线。

如天空一阵慧风吹过，迷雾消散，清明世界、朗朗乾坤。"实践是检验真理的唯一标准"是一个时代党和民族智慧的结晶。

在实践中发现真理和检验真理，鼓励大胆地试，大胆地闯，勇于开拓。一条思路、一个观点、一种办法是否正确，由实践作结论，用事实来说话，以极大的热情关注和集中群众的经验与智慧，尤其重视并善于支持人民群众的首创精神。

从实际出发，实事求是，加快经济建设，实行改革开放，坚持四项基本原则，走中国特色社会主义之路，中国大创业由此拉开了序幕……

■ 联产承包 犁出一条新路

如果把中国比作一个巨人，那么这个巨人在1978年前后尚衣衫褴褛，面带菜色。人均GDP381元，国家财政收入1132亿元，那时的中国何等艰难，人民何等贫困，整个社会讨论和思考着发展该如何突破？

吃饭是第一件大事，突破先在农村展开。中国革命自农村始，中国创业也始自农民。

名人名言

中国农业的发展影响着整个中国经济的发展，总结农村改革经验，特别是发现农村改革与国民经济整体改革之间的关系，对于开拓新的改革思路，推动我国城乡经济协调发展，无疑具有重要意义。

——中国社科院农村发展研究所研究员 党国英

农村，是中国共产党和全体中国人民非常熟悉而又备感亲切的地方，那里占全国总人口的80%以上，农民曾用"小车"支撑起解放战争的胜利。新中国成立后，农村同样用自己的奉献和牺牲，支撑着国家工业化的快速发展。

但近30年奋斗后，农村并不能用美好来形容。1978年全国乡村人口每人平均消费粮食199公斤，食用植物油1.1公斤，分别比1957年的205公斤和1.9公斤还少3%和42%。更严重的是，1978年全国农村尚有2.5亿人没有解决温饱问题，占农业人口总数的30%以上。在计划经济体制下，城乡差别继续拉大，国家对农民的就业、住房、医疗、子女教育等很少投入，农民成为最贫穷的阶层。

可喜的是，中国的农民并未对贫困麻木，成家立业的底蕴集中在为国家为集体创造财富的精神中爆发，自主、自立与自强，安徽小岗村的农民按捺不住，开始了改变自身面貌的自救行动。

资料链接

1978年11月底的一个夜晚，安徽省凤阳县小岗村队干部召集全村人开会讨论生产问题，会上，他们作出一个大胆的决定：包产到户。昏黄的灯光下，18位农民神情严峻地立下"生死状"，在一张秘密契约上——按上了鲜红的手印。会议一结束，他们连夜将牲畜、农具和耕地按人头包到了户。

谁也想不到，中国农村波澜壮阔的改革序幕由这18位农民的壮举悄悄拉开了。

小岗村实行"大包干"，一年大变样。1979年秋收，小岗村的粮食总产量由1978年的1.8万公斤猛增到6.6万公斤，人均收入由1978年的22元跃升为400元，震惊四邻。这一变化不仅结束了小岗村20多年吃"救济粮"的历史，而且当年上缴国家粮食3200多公斤。小岗村的成功使周边群众纷纷效仿，"大包干"如星星之火，迅速燃遍了中国农村大地。

什么是"大包干"？

包干到户或大包干，又称家庭联产承包责任制。十五届三中全会正名为家庭承包经营。包产到户与包干到户是两个不同的概念。包产到户是根据产量计工分，最后按工分分配；包干到户的分配政策是"交够国家的，留足集体的，剩下的全是自己的"。

十一届三中全会之所以把农业作为重要问题进行讨论并作出专项决定，是因为工农业关系严重失衡，成为国民经济中最突出的结构性矛盾。1952—1978年，工农业总产值增长速度之比为4.2：1。这大大高于世界工业化初中期工农业增长速度2.5—3：1的比例。1978年以前，我国农产品供给严重短缺，由50年代的粮食净出口国转变为粮食净进口国。1961—1978年共净进口粮食5977万吨，年均净进口309万吨。农产品及其加工品出口创汇和轻工业的发展都受到严重影响。最高决策层对农业基础地位脆弱有着强烈的危机感。

农民群众的伟大创造，得到了中央的支持。1982年至1986年，中共中央连续发出5个"一号文件"，推动农村的改革和发展。1983年1月2日，中共中央印发了《当前农村经济政策的若干问题》，规定农村改革以稳定和完善家庭联产承包责任制为主要任务。

1983年10月，中共中央、国务院发出《关于政社分开建立乡政府的通知》，规定建立乡（镇）政府作为基层政权，同时普遍成立村民委员会作为群众性自治组织。到1984年底，全国各地基本上完成政社分设。至此，农村人民公社制度已不复存在。废除人民公社，又不走土地私有化道路，而是实行家庭联产承包为主，统分结合，双层经营，解决了我国社会主义农村体制的重大问题。

更为惊喜的是，农村改革带来乡镇企业异军突起。1987年，全国乡镇企业产值第一次超过了农业总产值，它为农村剩余劳动力从土地上转移出来，为农民致富和逐步实现农业现代化开辟了新路，被称作是那一时期中国经济发展的"秘密武器"。

当然，"包干到户"在整个经济体制改革中率先突破并首获成功，看似容易，其实斗争相当尖锐。当"包产到户"、"包干到户"在安徽滁县地区兴起之时，一时难以被人认同。在相邻地界有人在墙上刷出了"反对复辟倒退"、"抵制安徽单干风"的标语。甚至有人说："辛辛苦苦几十年，一夜回到解放前。"

"青山遮不住，毕竟东流去"，历史潮流滚滚向前。在"解放思想，实事求是，团结一致向前看"的号角中，少量杂音掩不住时代的主旋律。世世代代勤劳、节俭、能吃苦的农民，靠政策的力量，以自己的智慧和勤奋，摆脱贫困，走向温饱，奏响了中国特色社会主义大发展的新乐章。

家庭承包经营制度解决了土地所有权与使用权分离的问题，适合当时农业生产力水平和特点。通过将高度集中、统一经营改为农户与各类经济组织双层经营，既能发挥农户经营的积极性和创造性，又能发挥各类经济组织的优越性。

家庭承包经营制度创造了农业生产的奇迹。1979—1984年中国农业连年丰收，并获得了农业总产值年递增7.7%的高速。据有关经济学家根据生产函数估计，1979—1984年农业总产值增量中有46.89%来自家庭承包制改革，带来的生产效率和农产品的丰收，终使农民温饱问题在80年代中期得以初步解决。

从此，由农民开启的创业大潮一路高歌猛进，势不可挡，成为中国改革开放近现代史发展的浓重一笔。农民的创业精神是宝贵的财富。从农民中蕴藏的创业致富热情，人们观照出中国人创业的巨大能量。"一年改变不如想象，五年改变难以想象，十年改变不敢想象"，30年的变迁，让世人惊叹！从安贫乐道到个人奋斗，农民不再是观光客，伟大的梦想从茫茫无边的草根中悄然诞生。贫瘠的土地上，诞生出日后众多叱咤风云的儒商、哲商和敢与世界富豪比肩的中国CEO。

■ 伟人划圈 杀出一条血路

　　广州市民对一个场景记忆犹新：那是1978年，广东省委门口一个副食店，每天凌晨，料峭寒风中，市民们揣着鱼票、糖票等票证，在这里排队抢购。物资紧缺，广东产鱼，广东人喜欢吃鱼，可市民们每人每月只有0.5元鱼票，还不能保证供应。副食店7点半才营业，买鱼队伍长长的。排在前面的阿公阿婆太困了，回家睡一觉，无奈放下一个替身：一把凳子，一顶帽子，一个菜篮子……

　　那时，深圳文锦渡口也是一片荒凉。那里，曾发生过多起震惊全国的逃港事件。十多万饥民扶老携幼，冒死闯关逃港。一位村党支部书记向着黑压压的人群哭喊："跟我回去！跟我回去！"因为跑过界河的人群中，还有他患病的妻子。

　　当时濒临香港、澳门和台湾的广东一片荒芜。长期以来的战争思维，国家在这里基本上没有项目投资，交通更落后，京广铁路在广东境内全是单线。广东是全国最大缺粮省份，虽然国家每年调进5亿公斤粮食，但多数人仍是饥肠辘辘。1979年全省工农业生产总值人均仅520元，远低于全国平均数字636元。尤让粤人汗颜的是，偌大的广东省，面积是香港200倍，而每年创汇总量却不足人家十分之一。

　　与台湾相比，更无法同日而语。海峡对岸的蒋经国当时宣称，让共产党划给他两个省，看看国民党的治理水平。台湾、香港、澳门像三颗复杂的眼睛，冷眼观望着广东这一贫瘠之地。

然而，不出几年，广东成了开发的热土。深圳更成为全国创业的窗口。放开物价、市场经济、私营企业、出让土地、政企分离、股份制、外资银行等各种新鲜事物层出不穷，令人眼花缭乱。据统计年鉴，1978年广东经济总量为185亿元，列全国第23位。可到1985年，广东赫然位居榜首并保持至今，短短几年，为何有如此超常规的跨越?

关键是一个"特"字。1979年4月的中央工作会议上，中共广东省委第一书记习仲勋请求在深圳、珠海两市试办出口特区。这一建议引起争论。有人担心国门一旦打开，资本主义会如洪水猛兽一样涌进来。这时，小平说话了，"办一个特区，过去陕甘宁就是特区嘛，中央没有钱，你们自己去搞，杀出一条血路来!"

好一个杀出一条血路! 1980年8月26日，五届全国人大常委会第十五次会议批准建立深圳、珠海、汕头、厦门四个经济特区，并公布了《广东省经济特区条例》，"经济特区"正式诞生了!

《春天的故事》向人们述说: 有一位老人在中国的南海边划了一个圈。这个"圈"即指经济特区。经济特区的设立带来了南方的经济剧变。党的十二大以后，对外开放步伐加快。1984年4月，国家进一步开放天津、上海、大连、秦皇岛等14个沿海港口城市。1985年2月，又把长江三角洲、珠江三角洲和闽南厦漳泉三角地区辟为沿海经济开放区，1988年决定海南建省，成为经济特区。这样，经济特区—沿海开放城市—沿海经济开放区—内地四个层次逐步推进，形成中国对外开放新格局。这一格局，带动两亿人口的沿海地带以惊人的速度发展起来。

以深圳为代表的经济特区，是中国积极融入世界经济，坚持走对外开放之路的象征。它将封闭半封闭的经济体转变为全面对外开放，既弥补自身发展资本不足，利用外部市场缓解了产业和就业压力，也有效地促进了国内改革开放和现代化建设发展。

深圳，成就了无数人的创业梦想。"深圳速度"、"深圳模式"这座具有多重符号意义的城市，以独特魅力，吸引着四面八方的创业者，成为中国创业者的乐园。

1.3 二次创业：市场搏杀 栉风沐雨

中国第二次创业浪潮，以1992年邓小平南方谈话为开端，一直到党的十六大召开。这个阶段，中国创业型经济迅猛发展，党的理论和制度不断创新，中国大创业不断注入新的动力。发展社会主义市场经济，建立社会主义市场经济体制，改变所有制结构，推进股份制改革，调整公有制实现形式……一系列重大理论和实践创新，使公有制为主体、多种所有制共同发展的社会主义初级阶段基本经济制度得以建立健全。

由此，中国实现了从计划经济向市场经济的历史性转变，市场在资源配置中的基础性作用得到有效发挥。

■ 东方风来满眼春

在20世纪80年代的创业大潮中，民营经济快速发展，民营企业急剧涌现，在市场上与外企、国企的拼搏竞争中，以民营企业为重要代表的创业者，改变着中国经济发展和产业竞争的格局。但由于观念的束缚、体制的约束和市场的无序，也带来不少问题和种种争论。

中国经济社会发展又走到了新的十字路口。尤其是苏联解体、东欧剧变和国内政治风波的影响，姓"资"姓"社"、孰"左"孰"右"、是"公"是"私"的争论，从意识形态领域很快蔓延到经济、政治、社会领域，中国大创业前景出现了迷雾。

何去何从？国人彷徨。20世纪80年代末到90年代初的3年中，民众创业热情遭遇重大挫折，个体经营者、私营企业主担心政治风险，不少人关门大吉。

20世纪90年代初民众创业停滞不前

数据显示，1989年6月底，全国城乡登记注册个体户减少到1234.3万户，从业人员减少到1943.6万人，分别比1988年底下降了15%和15.7%，到1989年底，私营企业已经减少了大约一半。

1992年早春时节，那位在"中国的南海边划了一个圈"的老人，再度巡视南方。洗尘武昌，流连深圳，驻足珠海。所过之处，谈话犹如黄钟大吕，"东方风来满眼春"。

"一个中心，两个基本点"基本路线要管一百年，动摇不得；要以"三个有利于"作为判断姓"资"姓"社"的根本标准；社会主义的本质，是解放生产力，发展生产力，消灭剥削，消除两极分化，最终达到共同富裕；计划多一点还是市场多一点，不是社会主义与资本主义的本质区别；中国要警惕"右"，但主要是防止"左"；改革开放胆子要大一些，抓住时机，中国经济要力争几年上一个台阶；发展才是硬道理……这些铿锵的话语，为思想解放掀起巨浪，推动着改革巨轮继续远航。

名人名言

一九九二年又是一个春天，有一位老人在中国的南海边写下诗篇，天地间荡起滚滚春潮，征途上扬起浩浩风帆。

——《春天的故事》词作者 蒋开儒

严冬过去，大地暖气微吹。风和日丽的春天，压抑已久的民营企业释放出巨大热情，又迎来一个调整发展的新时期。每年以几十倍上百倍的速度增长，一批企业巨人就在此时诞生，民营经济力量得到空前发展。

资料链接

"二次创业"使四通集团成为当时最大民企

成立于1984年的四通集团，此时提出"二次创业"，以"股份化、集团化、国际化"为目标，走向更快更强发展。1993年股票获准在香港上市，到1998年前后，四通已成为一个拥有52家独资、合资、联营企业，4家海外机构，职工人数达3700多人，14年间利税总额达14.86亿元，成为驰名中外的中国最大民营企业。

　　游戏规则日趋完善，市场天地更加广阔，"船小好调头"的中小企业如雨后春笋，"船大好远航"又成了创业者的新追求。"企业集团"的理念横空出世，民营企业争拼市场份额，保健品行业"飞龙"、"三株"、"红桃K"、"太太"，家电行业"美的"、"创维"，饲料行业"希望"，饮料行业"娃哈哈"等，无业的创业，有业的做大做强，不少昔日的创业者，成了当今的"巨无霸"。

资料链接

张瑞敏砸冰箱的故事曾经广为人知

张瑞敏，海尔集团董事长。20年前，一位朋友要买一台冰箱，结果挑了很多台都有毛病，最后勉强拉走一

台。朋友走后，张瑞敏派人把库房里的400多台冰箱全部检查了一遍，发现共有76台存在各种各样的缺陷。张瑞敏二话不说，把有缺陷的冰箱全部砸了。他说："我要是允许把这76台冰箱卖了，就等于允许你们明天再生产760台这样的冰箱。"3年以后，海尔人捧回了我国冰箱行业的第一块国家质量金奖。

海尔砸冰箱成为中国民营企业注重质量的典型事件，成为大大小小的媒体、书刊、高等院校的"经典案例"和民营企业质量和品牌意识增长的标志。许多知名品牌从此悄然诞生。

联想、实达、华为等大批企业兴起更改变了民营企业劳动密集型加工厂的形象，在高科技领域，民营企业也成为一支重要力量。技术创新受到空前重视，技术含量成为民营企业争夺市场空间的新手段。

资料链接

到2000年，我国城乡私营企业176万户，投资人数达395万人，从业人员达2011万人，注册资金13307亿元，总产值10739亿元；城乡个体工商户为2571万户，从业人员5070万人，注册资金3315亿元，总产值7161亿元。私营个体经济成为国民经济中最具活力的经济成分之一。

据《中国统计摘要》，2000年，在城镇个体工商户和私营企业就业的从业人员达4400万人，"九五"期间，城镇个体工商户和私营企业新增就业1260万人。个体私营经济发展，既带动了社会就业，又促进了国家总体实力迅速上升。从1989年至2001年的13年间，在外有压力，内有困难的条件下，国内生产总值以年均9.3%的速度增长，2001年国内生产总值达到95933亿元，比1990年增长近两倍，排名也由1990年世界第十位，发展中国家第二位，跃升到世界第六位，发展中国家第一位。人民生活水平总体上实现由"温饱"到"小康"的历史性跨越。

■ 发展才是硬道理

如果说民营企业大发展为中国经济巨轮的远行拔锚起航，那么国有企业改革则为这艘巨轮远行注入了强大动力。党的十四大和十四届三中全会在勾画社会主义市场经济体制的蓝图中，抓住国有企业改革这个中心环节，浓墨重彩，提出了建立"产权清晰，权责明确，政企分开，管理科学"的现代企业制度的新目标。中国第二次伟大的创业，以国有企业改革改制为主攻方向。

资料链接

大企业决定国家经济大局

据报载，1993年，全球500家大工业企业其销售额约占世界总产值的22%，其中美国的159家，其销售额相当于本国当年国内生产总值的29%；日本的135家，销售额为本国当年国内生产总值的32%；德国的32家，销售额为本国当年国内生产总值的27%。

世界经济发展经验证明，大企业把握着国家经济的大局，其状况在很大程度上决定了整个国民经济的质量。

20世纪90年代的中国，大型企业几乎是国有企业的代名词。国有企业的发展主导着整个经济的发展。犹如北美德克萨斯州的蝴蝶，振动几下翅膀，就会在南美洲诸国天空掀起一场风暴。国有企业决定着国计民生和国家实力。

然而，从20世纪80年代以来，国有企业改革虽然破冰斩浪，但成效不大，国有企业的市场竞争力、创新力不强，动力表现大多不尽人意。虽一家独大，但不强不活，"一抓就死、一放就乱"成为国有企业改革的周期性陷阱。如何破解这道难题？必须要有重大突破，必须作出战略选择。

"抓大放小"，成为二次创业中国有企业改制的重大战略。抓"大"，不是把大企业抱在政府怀里不放，而是集中力量对关键产业、大型企业实行大规模改造、改组、改制，建立现代企业制度，帮助这些企业转体制、卸包袱、壮实力。放"小"，就是采取灵活多样、适合市场需求的举措，为国有小企业创造宽松的政策环境，拓展广阔发展空间，让小企业在选择组织方式、经营形式、领导体制和顺应市场方面拥有充分自由。

重病须猛药。1993年，诸城市委书记陈光在"以明晰产权为突破口，以股份合作制为主要形式，多种形式推进企业改革"思路指导下，对全市272家国有企业改制，成为国有企业产权改革的先行者。

诸城这个不靠港口码头，没有铁路、高速公路，也不靠近大城市，自然条件较差的县级市，改制后发生了巨变。据统计，1996年诸城与1990年相比，全市国内生产总值由17.3亿元增加到72亿元，财政收入由0.85亿元增加到3.2亿元。

资料链接

陈光"卖"国企引发全国大争论

1992年，陈光调任诸城市市长，35岁的他进行了一场在当时中国引起轰动的改革。1992年4月，按中央统一部署，诸城对150家市属独立核算企业进行审计，结果是"灾难性"的：150家企业中103家亏损，43家资不抵债。

1992年10月，诸城市政府在"以明晰产权为突破口，以股份合作制为主要形式，多种形式推进企业改革"的思路下，对5家企业进行试点改革。

始建于1997年的诸城市国营电机厂是试点改制的第一个企业。改革试点工作组推出两套股份制改造方案供职工选择：一是个人股不超过20%，国家完全控股；二是将企业存量资产出售给职工，国家以土地入股。

意外的是，这两套方案都遭到了职工的反对。国营电机厂的职工提出了一个方案：职工将企业资产全部买下，国有土地使用权不入股，由企业有偿使用。

1992年12月24日，诸城市政府166号文件同意了这个建议：将国营电机厂"卖给"厂内职工。就这样，一场由陈光班子主导，职工自己设计方案的国企改革开始了。

几天后，中央人民广播电台播出消息：山东省公开出售一家小型国有企业，他们用了"出售"的字样。陈光"卖光"国企的做法顿时成了全国最大的焦点。

1992年"姓资姓社"的帽子禁锢了许多官员改革的脚步，但陈光的步子却迈得异常的大，那是因为他有一个莫大的"靠山"。

　　1992年10月12日党的十四大召开，江泽民作了题为《加快改革开放和现代化建设步伐，夺取有中国特色社会主义事业的更大胜利》的报告。报告中提及，"国有小型企业，有些可以出租或出售给集体或个人经营。"这句话成了陈光诸城改革的全部依据。1993年5月，在5个试点企业的基础上，陈光组织45个工作组进驻全市272家企业，开始全面改制。"陈卖光"也取代了陈光的真实姓名开始在全国流传。

（摘自《羊城晚报》10月27日　韩适南／文）

　　各地考察团蜂拥而来，该市体改办一天最多接待50多个考察团。关于陈光的争论亦由此开始。有人对他极为推崇，认为他闯出了国企改革的一条路子；有人骂他变卖国有资产，罪不可恕。由此再度爆发姓"资"姓"社"争论以及国企改革姓"公"姓"私"的是非纷争。

　　1995年春，一份所谓"万言书"——《影响我国国家安全的若干因素》在北京传述，并很快传遍全国。文章认为，由于国有企业改革，导致工业总产值中国有比重大幅下降，"一个民间资产阶级已经在经济上形成"，"一个小资产阶级即个体生产经营者阶级的形成也是可以认定的"，"官僚资产阶级和买办资产阶级的萌芽也已经开始出现"。文章沿用阶级斗争思维方式，硬把社会主义条件下的私营经济划归到资本主义范畴，人为地认定有一个庞大的与社会主义为敌的资产阶级存在，由此推论出改革开放给我国国家安全带来威胁，其矛头直指国有企业改革，直指邓小平南方谈话。

深圳市前市委书记厉有为也曾遭到过"左"派人士的闷棍。他在中央党校学习后的毕业论文《关于所有制若干问题的思考》，遭到一些人的激烈批判。有人质问：厉有为意欲何为？有人作出判断："一种得到很大发展的社会经济关系和政治力量不甘屈服于社会主义经济成分的'补充'角色，要求由他们来改变和掌握中国今后社会演进的走向。"还有人抛出帽子，称厉有为"代表了一股反马克思主义的修正主义的浊流"。

国企改革何去何从？全民创业何去何从？1997年，江泽民同志在中央党校发表"五·二九"讲话，对此作出了鲜明回答。他说："旗帜问题至关重要，在当代中国，只有邓小平理论而没有别的理论能够解决社会主义的前途和命运问题"，"离开具体实际和时代发展来谈马克思主义，没有意义"，"努力寻找能够极大促进生产力发展的公有制实现形式，一切反映社会化生产规律的经营方式和组织形式都可以大胆利用。"

这番话是对邓小平理论的继承和发展，是对中国农村改革、国有企业改革、民营经济发展等多方面改革的充分肯定，也是对全民创业、自主创业的科学总结。

岁月峥嵘，总让人感慨万千。"发展才是硬道理"这句话，成为一切决策者和创业者的尚方宝剑，成为中国经济社会发展的至理名言。

■ 开放国门走天下

人类社会发展史表明，一个民族和国家的进步与兴起无不伴随着对外开放。随着经济全球化和区域经济一体化，中国的发展离不开世界。

"万事不求人"，"穷死不借贷"，"有多少泥巴就砌多大的灶，手头有多少钱就谋多大的业"，"丰衣足食，万事大吉"，这些话曾是千百年来中国小农生产者固守的信念。沿海特区、率先创业的人们却大胆突破这一陈旧观念，开拓出新的发展视野。借别人"金鸡"下自己"金蛋"，最早开放的地区发生变化奥秘：借天下之财、聚天下之力。于是，一个个贫穷的小乡村，通过开放一跃而成为举世瞩目的大都市。

理论构想与现实经验证明：中国扩大开放，敞开国门，才能走向世界，经营天下。开放，就是一条现实的创业之路和兴国之路。培育两个市场，争夺两个资源，才能在尽可能大的范围内发挥优势，以最佳方式重组生产要素，提高竞争力，形成规模经济和产业实力。

党的十一届三中全会上，对外开放第一次被写入党的决议，成为新时期的基本国策。以江泽民同志为核心的党的第三代领导集体，坚持这一基本国策，领导中国人民以更加积极的姿态走向世界，建立全方位、多层次、宽领域的对外开放格局。

> 1994年底，全国累计批准三资企业22.18万家，合同利用外资858.7亿美元，其中外商直接投资为814亿美元，实际利用外资354.1亿美元。1995年，全国吸纳海外直接投资达380亿美元。而到2000年实际利用外资达到5935.6亿美元，外商直接投资达4935.6亿美元。

1980年我国批准第一家中外合资企业时，外方代表眼睛里闪烁着不信任。到2001年时，外资银行则在京排队期待开业。那时已有19家外资银行在京设立分行，94家外资金融机构设立代表处。2003年设立境外企业6758家，经过10多年努力，中国对外贸易世界排名从1989年的第15位，跃居2008年的第6位。中国设立境外企业6758家，对外投资方式也发展到多种形式，一大批企业"走出去"并稳稳地立足了。

外国的资金、先进技术和管理经验，也被引了进来。2001年，中国实际吸引外资469亿美元，比1989年增长12.8倍；13年来中国累计实际使用外资超过4000亿美元，吸收外资连续9年居发展中国家首位。

2001年9月17日，世贸组织中国工作组第18次会议通过了中国入世议定书及附件和中国工作组报告书，12月，中国正式成为世贸组织的成员。中国加入世界贸易组织（WTO）这个全球最大的多边贸易体制，把我国对外开放推进到一个新阶段，极大地促进了对外开放水平的提高。

在第二个创业阶段中，中国对外开放硕果累累。2008年12月，北京举行一场"中国对外开放30周年回顾展"，展厅留言簿上，一位留美人士留言："改革开放30年，国家发生了翻天覆地的变化，过去华人在外国受欺负，如今国家强大，华人腰杆直起来了。我为祖国强大而深深自豪。壮哉，祖国万岁！"在留言簿上，同时可以看到"中国真好"、"中国加油"等这样言简意赅的留言，饱含着许多深情的期待。

邓小平同志在1977年会见英籍作家韩素音时说，我们在科技和教育方面损失了20年或者30年的时间，但我们相信中国人是聪明的，再加上不搞关门主义，不搞闭关自守，把世界上最先进的科研成果作为我们的起点，洋为中用，吸收外国好的东西，先学会它们，再在这个基础上创新，那么，我们就是有希望的。

老人家这番话，至今引人深思，中国的开放历程，不正是这样吗？今天的发展现实，足可告慰这位改革开放的总设计师。

1.4 三次创业：科学发展 共创和谐

当时代的列车驶入21世纪，中国人欣喜地感受到小康社会的温馨。此时，国内生产总值突破1万亿美元的大关，人均GDP达到1000美元，综合国力大幅提升，总体小康已经实现。30多年改革开放的艰难探索与创业，中国社会主义"风景这边独好"。

然而，当人们哼着悠闲的小调、品尝胜利果实的时候，发展却日益面临严峻的现实，贫富差距拉大，城乡、区域、社会发展不协调，青山光秃，河流干涸，社会不稳定的因素增多，恶性群体性事件频频出现……今天的敌人，已不是战争、饥荒和瘟疫，而是不断冒出来的社会及环境问题。

面临新的困境，不发展不创业，中国盘桓不前是不可能的，但跃起腾飞，大力发展工业化、现代化，造成贫富悬殊，城乡和地区差距拉大，社会矛盾加剧，生态环境恶化，也是绝不可行的。

新世纪新形势，新一代的创业者，该如何应对面临的这些新问题、新挑战？

科学发展、"以人为本",顿时成为经济社会转型时令人思考的热门话题。

■ 新创业呼唤又好又快

人们注意到繁荣的背后掩盖不住深层次的矛盾,不能不思考"现代性"与"社会转型"的悖论内涵。从"又快又好"到"又好又快",一个耳熟能详的旧词,一经语序调换,竟然有了新的无穷含义。改革的阵痛和生态的危机,迫使人们对旧的创业观反思,开始对发展战略与思维进行调整修正。

因为,假若把目光投向中国西部,那里荒凉的黄土令人震惊。黄河流域古代林木茂盛,繁荣富庶,但如今中华文明这一"摇篮"却满目疮痍。一些曾被《诗经》歌之咏之、"河水清且涟漪"、郁郁葱葱的地方,如今沦落为"荒山裸露无寸土,可叹江山贫到骨"的境地。地图上没水的干河床以棕色虚线标出,内蒙古西部和甘肃西部就能数出60多条,新疆几大沙漠周围,竟达100多条。众多完全死亡的河流以及北京的沙尘暴,凸显出生态恶化对文明都市的虎视眈眈。

这些都与近年来"只重开发不重保护"有直接关系。改革开放以来名目繁多的经济区开发,毁掉了五分之二的森林,全国人均占有森林面积只有世界人均占有量的21.3%。土地也以年均近千万亩的速度流失。报忧的数字统在一起,让人们触目惊心。

名人名言

改革始终是很难的，是很不容易的。尤其是渡过改革初期的艰难阶段，对以后改革的发展和成功是非常关键的。只有以巨大的智慧和勇气渡过了改革初期的艰难阶段，改革才能进入快车道，才能有以后的持续进步和成功。

——全国政协提案委员会副主任 张岳琦

究其原因，很长一段时间，人们把增长等于发展。国家战略也是这样。在长达30年的时间里，每年制订的是经济发展计划，直到1982年，全国人大五届五次会议才正式把第六个五年计划更名为"国民经济和社会发展计划"。此后，社会发展问题提上了议事日程，中央一再提出可持续发展问题，但现实中地方政府"重经济增长、轻社会发展"的情况并没有完全改变。

决策者急于求成的"政绩观"决定了畸形的经济"发展观"。于是，中国新世纪发展中的窘境不可避免地出现了。一方面经济快速增长，另一方面社会矛盾积重难返。经济的持续增长被人称为"奇迹"，而生态环境恶化、社会发展滞后也引起世人震惊。

一方面沿海省份与其它边远地区的贫富差别仍在拉大。中国成为世界上地区差别最为严重的国家之一；这些差距一方面表现在GDP增长上，同时，还表现在教育、公共卫生和文化上，诸多社会问题交叉重叠，成为发展的桎梏。中国仍然需要大创业，但大创业需要科学的观念来指导。

2002年党的十六大提出转变发展战略，强调走可持续发展道路，接着十六届三中全会明确提出放弃单纯追求GDP目标导向，提出综合发展、"五项统筹"。十六届三中全会后明确提出科学发展观。2004年中共中央党校省部级高级干部研讨班上，新一届中央领导集体要求党高级干部思想统一到科学发展观上来。党的十七大正式将科学发展观确立为全党的指导思想，使之成为中国经济社会发展必须长期贯彻执行的指导方针。

资料链接

从"又快又好"到"又好又快"

中央经济工作会议引人注目地提出了"又好又快发展"，这与过去"又快又好发展"的提法有所改变。"好"与"快"两字之调意义深远，反映的是中国经济发展理念的一大转变，即由过去更多地强调发展的速度，转为更注重发展的效益，增长的质量，实现科学发展。"好"字当头，又好又快，不仅是明年经济工作的一大亮点，也将是今后引领中国经济发展的基本指导思路。

"好"字当头，又好又快，树立了中国经济发展新标杆。这个"好"字，既讲求经济发展的效益好，经济增长的质量高，又要求节能降耗的效果好，环境保护的成效大；既要经济发展的宏观效益好，又要让人民群众从中得到的实惠多。这个"好"字，又特别注重发展中的"协调"二字，即实现速度、质量、效益相协调，消费、投资、出口相协调，人口、资源、环境相协调。"好"字当头，又好又快发展，是在总结既往经验基础上发展理念的创新，是对科学发展观认识的深化和内涵的丰富。

由"又快又好"转向"又好又快"，是我国经济经过多年粗放式快速发展后的必然选择；努力做到速度、质量、效益相协调，消费、投资、出口相协调，人口、资源、环境相协调，是实现"又好又快"目标的重要保证，当前尤其要重视发展质量，重视扩大国内消费需求，重视节约资源和保护环境。

由突出"快"转向强调"又好又快"，是今后我国经济发展的必然趋势。贯彻中央经济工作会议精神，做好今后的经济工作，就要围绕"好"字做文章，在"三个协调"上下功夫。

"又好又快"是一个有机统一的整体。尽管经济有了长足的发展，但是我国仍然是一个发展中国家，人均水平还很低，完成现代化的任务依然艰巨。无论是增强综合国力，提高人民生活水平，还是促进社会进步，建设全面小康社会，都需要加快经济发展，保持一个较快的经济增长速度。但是，我们要的速度应当是经济效益比较好、人民群众得到实惠的速度，是资源消耗比较少、环境得到保护的速度，是经济波动比较小、增长得到持续的速度。又好又快，就是既要求保持经济平稳较快增长，防止大起大落，更要坚持好中求快，注重优化结构，努力提高质量和效益。

"开山垦荒，让我越开越穷；退耕还林，种草养牛，让我发家致富。"2005年4月，《人民日报》记者在陕北采访时，一位老农说的这番话，生动真切地阐明了科学发展观的内涵和广大民众的心中感受。

"既要金山银山，更要绿水青山"的声音响彻中华大地，循环经济、节约型社会、绿色GDP、可持续发展，这些崭新的发展理念鼓舞人心。

对科学发展观"以人为本"的自觉实践。从人民群众根本利益出发谋发展、促发展，不断满足人民群众日益增长的物质文化需求，切实保障人民群众的经济、政治和文化权益，让发展的成果惠及全体人民。

在偏僻山区、困难国企、遇难矿工家里，在抗击各种灾难的生死战场上，党和国家领导人与人民群众同甘共苦，水乳交融；改革和完善信访制度，提高征地拆迁补偿，解救海外被绑架的人质，帮助海啸中受难者，追讨拖欠农民工工资，重奖贡献卓著科学家。

国家在注重经济发展的同时，加紧推进政治体制、教育体制、医疗卫生体制、社会保障体制的改革，推进国企改革，破解"三农"难题，解决民生就业，整顿和规范收入分配秩序。

如果说"又好又快"成为经济建设和新创业的准则，放眼神州大地，贯彻落实科学发展观的热潮涌动，亿万人民创业致富的奋斗激情和美好生活追求的交织，便构成了中国社会一幅幅新象频生的动人画卷。

■ 大创业奠定和谐之基

中国迎来"黄金发展期"，却也处在了充满困难和挑战的"新险多发期"，经济粗放的弊病，社会矛盾的显现，各种利益的冲突，令人忧心，甚至连宪法规定的人的劳动权利都受到严重威胁。

"中国正面临世界上最大的就业战争！"国情问题研究专家、清华大学公共管理学院教授胡鞍钢曾对记者说。事实就是这样，近年不仅仅是农民工，具有高学历的大学生群体也开始失业。令人惊叹的"2030现象"，即20岁至30岁间的人面临就业难题。这种新失业现象引起社会关注。据有关调查，上海这样的大城市，城镇登记失业人员中16岁以上30岁以下者，占了50%。

中国所面临的众多民生难题，有赖于国家财力的投入支持。人们拥有的个人财产靠第二次分配，但财富的终极来源是创业创富。就业机会最终也要靠创业中的企业，企业成功壮大才能源源不断地提供大量就业和创业机会。

如果说家庭是社会细胞，是社会稳定的基础，也是社会发展的重要服务目标。而"成家立业"需要经济基础。这一切，必然靠全民创业推动，全民大创业是经济社会大发展的源动力。

就业是民生之本，就业和再就业工作始终是党和政府最为操心的实事。人们困惑：为什么经济快速发展，就业却难？为什么失业青年人增多？市场经济是不是解不开"就业难"这个结？

其中原因诸多，有人口自然增长率过高的原因，有产业结构不合理的原因，有企业大量富余人员释放的原因，有经济增长对劳动力的吸纳能力减弱的原因，也有劳动力供求关系错位的原因。但不管有多少原因，应该说，在社会主义市场经济条件下，解决好就业难题终究要靠全民大创业的兴起。

龙永图曾指出，今后20年是中国的重大发展机遇期。中国经济成败决定着能不能创造更多就业机会，企业最重要的社会责任就是创造就业机会。而国家通过鼓励创业，就能够创造普遍的就业机会。

社会要发展，群众要致富，不大力发展教育事业不行，但受过教育甚至是高等教育却不能就业，所学知识得不到社会承认，不免让人丧气。缓解这一矛盾需要多方位努力，非一朝一夕就能见成效。但可以肯定：解决就业严峻难题，根本出路在于推动全社会兴起创业热潮，只有创办企业，鼓励自主创业，才能逐步缓解就业压力。只有大创业才能实现充分就业。

因而，"促进以创业带动就业"成为一项重大国策。1998年以来，创业投资在我国开始受到关注，以"自主创业"为核心的"十一五"规划指明了创业投资的方向。2005年11月15日国家发改委、科技部等十部委联合发布《创业投资企业管理暂行办法》，从宏观上优化创业投资的外部环境。

促进创业带动就业，就是政府通过政策支持和服务保障，营造良好的创业环境，调动劳动者的创业积极性和主动性，通过自找项目、自筹资金、自主经营、自负盈亏、自主创办生产和服务项目或企业，在实现自身就业的同时，带动更多劳动者就业。据权威部门统计，每创业成功1人并稳定经营1年以上，平均带动5人就业。促进以创业带动就业，有利于激发劳动者创业精神，激活人力资源市场，实现就业倍增效应，是市场就业的主要措施，是就业工作中最活跃、最有效的战略。

人的能力和机遇不同，差别存在。正因为使大多数百姓脱贫是改革开放的根本目标，才有了少数人发财先富的客观必然结果。改革开放给了百姓创业致富的机会和施展空间。

总体而言，机会是相对公平的。人们不能忘了早期"敢吃螃蟹者"所冒的风险和艰辛，正是在他们当中，才有少数人冒了尖。只是，允许一部分人先富起来，不等于放任"强势群体"去抑制损害"弱势群体"后富起来，阻碍逐渐实现共同富裕。

当前和今后一段时期，要下大力气，从缓解当前社会分配不公，优先解决好人民群众最关注的遏制"两极分化"趋向和最切身的基本利益入手，力求见到实效。

资料链接

2009年底前，我国农村低保制度将全面建立。低保拥抱亿万农民，低保对象年底将达到3000万人。一般来说，凡家庭年人均纯收入低于当地低保标准的农村居民，均可申请低保。但我国农村低保正处于起步阶段，主要保障因疾病、残疾、年老体弱、丧失劳动能力、生存条件恶劣等生活常年困难的群众。

目前，全国31个省（区、市）都已部署建立农村低保制度，预计到年底前，将实现农村低保制度全面建立、低保金发放到户的工作目标。

截至2007年7月底，全国已建立农村低保制度的地区，共保障低保对象2311.5万人、1074.6万户，平均低保标准为每人每年857元（按低保对象加权平均），1—7月累计支出农村低保金37.9亿元；尚未建立农村低保制度的地区，救助农村特困对象355.3万人、146.6万户，1—7月累计支出资金5.14亿元，这部分人下半年将逐步转为低保对象。预计年底农村低保对象将会达到3000万人左右。

低保标准为，最低600元/年，最高2560元/年。低保标准是低保制度的核心，是确定低保对象的依据。制定标准要靠科学的调查和测算，一般由县或县级以上地方人民政府按照维持当地农民基本生活所必需的吃饭、穿衣、用水、用电等费用确定，并报上级人民政府备案后公布执行。同时，根据当地经济发展水平和群众生活水平的提高，综合考虑物价水平变化等情况，适时、适度进行调整。

从目前工作实际看，除少数东部发达地区，多数地方都是参考国家每年公布的贫困标准确定农村低保标准。据统计，目前全国农村年人均低保标准为857元，其中，标准最低的省份是600元（甘肃），最高的省份是2560元（上海）。截至2009年7月，全国平均农村低保补助水平为月人均28.8元，其中，东部地区高一些，中、西部地区要低一些。

有关创业、民生与和谐，用西方的"蛋糕"理论比喻，是十分形象的。具体地说，就是通过鼓励创业发展，把蛋糕继续做大。同时，也要有效地调控蛋糕公平合理地切分。要从生产经营、初次分配和再分配三个层面共推新举。

在生产经营层面，建立起有利于全民共创财富、共享财富的体制机制。通过鼓励和支持人民群众自主创业创新，让一切劳动、知识、技术、管理和资本的活力竞相迸发，一切创造社会财富的源泉充分涌流，更多的财富由全民创造，更多的成果由全民共享。"创业富民"的关键，是营造全民创业的良好环境。推进政府职能转变，打破行业垄断，破除部门利益；充分调动广大人民群众的积极性；切实尊重群众的首创精神，支持群众勇于实践、勤于探索，形成鼓励创业的社会氛围。

在初次分配层面，更加注重公平，保护劳动者在利益分配中的应得份额。健全收入分配宏观调控，推行劳动力市场工资指导价位制度，完善企业工资指导线制度，并发布地区性和行业性的工资增长指导标准，引导企业合理确定工资水平和增长幅度。规范垄断收入，对自然垄断行业，要加强工资总额和工资水平的控制，在加强财务监督的基础上，将垄断利润通过适当方式如征收垄断税，收归国家财政；对非自然垄断行业，要最大限度引进竞争机制，打破部门垄断。

在再次分配方面，完善公共服务体制。当前我国基本公共服务非均等化问题较突出，为此，一方面要加快"公共财政体系"建设，提高财政支出中用于公共服务的比重；另一方面要完善"财政转移支付"制度，促进不同地区之间公共服务均等化。与此同时，以提高公共服务效率和量为中心，创新公共服务和社会管理方式，努力做到以最低廉的行政成本，提供更多优质、高效的公共服务。

党的十七大又把"提高构建社会主义和谐社会能力"作为党的执政能力的一个重要方面。新的历史起点，提高执政能力就是提高带领全民创业致富的能力。通过全民大创业，把蛋糕做得更大；为了致富的和谐，把蛋糕切得更合理公平。

■ 共创业推进城乡统筹

城市和农村犹如两个车轮，无论哪个轮子出了毛病，都会导致车身失衡。许多国家的发展表明，当工业化、城市化进程加速，国民经济发展到工业对农业反哺期时，如及时扶持农业，工业与农业、城市与农村就会协调发展，就能顺利实现工业化、现代化；如继续忽视农业，就会导致农业萎缩，城乡差距扩大，贫富悬殊。

就我国情况看，新中国成立后，为迅速摆脱经济落后局面，建立独立完整工业体系，采取了优先发展重工业战略。1952年，全国人均国民生产总值仅有50多美元，农业所占比重达70%，农业劳动占83.5%。在这样一个水平上实现工业化，农业必须成为筹集工业化资金的主要来源。这种向工业倾斜的政策，从全局来看是必要的。但由于长期投入不足，农业生产物质、技术条件得不到应有改善，使本来就落后的农业发展严重滞后于工业。而且长期实行城乡分割体制，造成城镇居民与农民权利和发展机会不平等。经过30多年的改革开放，城乡二元经济结构仍未从根本上得到改变。改革开放初期第一轮农村改革后，农村许多地方仍躺在"家庭联产承包经营"的安乐窝里，难以实现规模经营和农业效益大幅度增长。小农经济的悠闲，远远观望着现代市场经济的富足。

新的历史起点，农村、农业、农民问题仍然举足轻重。新的起跑线上，农村开始新一轮的改革与创业。这一轮的改革是工与农、城与乡携手同行。

小岗村的第二次改革

仍以小岗村为例。小岗村曾因在全国率先实行大包干而引领中国农村改革的潮流。过去的小岗村，因为穷而思变，成为中国农村改革的起源地。但"一朝跨过温饱线，廿年没进富裕门"。人均4000元的年收入除了让小岗村的人民维持着温饱生活外，没有丝毫"明星村"的风采。"大包干"治了穷，却没能致富。尽管小岗村得到各级政府"厚爱"，但农民增收仍极为困难。在大包干后二十多年里，小岗村并没有发生实质性变化。当我国南方、华东地区一些乡镇纷纷大力兴办乡镇和村级企业、发展个体私营经济、推进农业产业化的时候，小岗村人却依旧沿袭过去那种日出而作、日落而息的生产和生活方式。实践证明，大包干只能治穷，要致富还须寻找一条新的发展道路。

2005年底，小岗村人开始第二轮农村改革，改革基本取向是由单干变为统一承包，由家庭经营变为合作经营，由单一的农业经济变为多种产业共同发展。同时朝着现代农业、旅游业和工业转向，用搞工业的思路和手法来发展农业，全面推进农业产业化。小岗村还较早地建立起以股份合作为特点的农村经济合作组织。小岗村人又进行了一次新创造。

城乡统筹，统筹经济建设是基础。长期以来，我国经济发展存在最突出的问题几乎都与"三农"问题有关，农业发展不快，农民收入增长缓慢，直接导致城乡差距拉开，内需市场难以启动。

十六大之后，中央筹备农村工作会议。当时胡锦涛同志提出的指导思想，就是加强对农村的倾斜性投入，把财政资金新增部分用到县以下的农村公共开支。

新一代党的领导集体为了表示中央的决心，召集所有在家的政治局常委参加农村工作会议，并在会议上提出"三农问题是全党工作重中之重"的口号。这表现出中央坚定调整战略方向的决心。实现全面小康，必须将重点放在最大的弱势群体——农民的发展上。

尽管中央这样强调，其实在2003年还是难以给县以下农村基层增加多少公共开支，也没有给村以下农民需要小项目增加多少投资。当年，各个城市、各开发区的建设，不仅没有停住，而且变本加厉，一年耕地减少了3000多万亩。这是改革开放以来前所未有的最大规模的征占土地，当年失地农民已经超过3000万。社会矛盾进一步激化，上访告状、群体性治安事件激增。2003年中国农业、农村形势严峻，导致了2004年中央宏观经济调控。

2005年10月11日，党的十六届五中全会通过《中共中央关于制定国民经济和社会发展第十一个五年规划的建议》，明确今后5年我国经济社会发展的奋斗目标和行动纲领，提出建设社会主义新农村的重大历史任务，为做好当前和今后一个时期的"三农"工作指明了方向。

2005年12月29日，第十届全国人大常委会第十九次会议通过《关于废止中华人民共和国农业税条例的决定》，新中国实施近50年的农业税条例被依法废止，一个在我国延续两千多年的税种宣告终结。自2004年开始，国务院就实行减征或免征农业税的惠农政策。2005年岁末，国家最高权力机关依法废止农业税条例，使免除农业税的惠农政策以法律形式固定下来，九亿中国农民彻底告别缴纳农业税的历史。废止农业税条例，解决"三农"问题步入一个新的历史起点。

取消农业税，是中国农业发展史上的一座里程碑，也是中国现代化建设史上的一座里程碑。它的意义，农民有着切身的体会，他们用各种特有方式表达内心的喜悦、激动与感慨……

资料链接

河北农民铸鼎纪念"免征农业税"

2006年，河北灵寿县青廉村农民王三妮自费7万元，在自家青铜铸造厂铸造了一尊"告别田赋"青铜圆鼎。该鼎高1米，重250多公斤，刻有祥云、飞龙等图案，并铭文560余字，记录农业税在中国产生和终止的过程。王三妮写到：我是农民的儿子，祖上几代耕织辈辈纳税。今朝告别了田赋，我要代表农民铸鼎刻铭，告知后人。

更重要的是，取消农业税，消除工农业产品的剪刀差，打破城乡二元结构的体制坚冰，进一步深化城乡体制改革，随之进行的新农村建设，都是为了广大人民群众共享改革成果。

有人将新农村建设理解为新村庄建设，这是片面的。新一轮农村大创业，是一项巨大而复杂的系统工程，它要求统筹城乡发展，建立新型城乡关系，加速实现城乡一体化。围绕"生产发展、生活宽裕、乡风文明、村容整洁、管理民主"的总体目标，全面建设小康社会。

建设新农村，城乡统筹，一个重要的方面就是以人为本，把农民利益放在第一位，充分尊重农民意愿，充分激活农民的主体地位，鼓励农民大胆而合理地创业，在建设新农村中发挥自己的主体作用。

十七届三中全会春风化雨，作出的一系列影响深远的重大决策，将从根本上有助于逐步解决困扰农村多年的老大难问题。中国以"三农"工作为重点，激发亿万农民创业致富的热情，将不断开创中国城乡区域科学发展的新格局。

资料链接

株洲金岭成立"新型农村公社"

长株潭地区10日获批"两型社会"建设后成立的第一家农村经济合作组织——株洲金岭农村经济合作公社在攸县网岭镇北平村成立。分析说，这个"新型公社"，主要是探索进行农林用地承包经营权的价值化、交易许可、市场化流转等改革实验。

据《大公报》报道，攸县网岭镇北平村有24个村民小组，524户，共2018人，全村有水田2117亩，旱土800亩。经广泛征求意见后，目前有20个村民小组400多户自愿以1500余亩土地，通过组建株洲市金岭农村经济合作社，实行集约规模经营，形成以优质稻、瓜果、蔬菜、养殖为特色的农村经济合作组织。

株洲市"两型社会建设"办主要负责人陈玉明介绍，金岭农村经济合作社是在确认土地使用权、财产化的基础上，以资产为纽带，以市场竞争为原则，把农民从土地中解脱出来，让他们大胆地走出去创业，实现村民居民化、农民农工化、经营规模化、全村合作化的首个"新型农村公社"。

陈玉明说，首个"新型农村公社"的成立，主要是探索进行农林用地承包经营权的价值化（财产化）、交易许可、市场化流转等改革实验，在自愿有偿的前提下，通过联合、委托经营、入股、出租、经营转让等多种途径，将一部分乃至全部耕地集中起来，组织开展规模化、专业化经营，集约、节约利用土地，发展特色、高效农业。

陈玉明说，下一步将对合法取得的村民宅基地等集体建设用地进行确权、发证，实行交易许可、中介代理等改革试点，这意味着，今后这里农民的集体土地使用权证在一定规模控制下可以转让、抵押等对外流转，不受对象限制。

（据星岛环球网 www.stnn.cc 2008年10月12日，星岛网讯。）

如同十一届三中全会给中国经济社会带来翻天覆地的变化，十七届三中全会也必将展开中国新农村建设和全民共创业的壮丽画卷。农民群众以不断得到的实惠和欣喜，勤劳创业，科技致富，带动或拉动城市制造业、服务业的发展，在绿色GDP的增长中添加实实在在的百分点。

展望未来，前程似锦，城乡统筹，工业反哺农业，城市支持农村，中国特色社会主义道路越走越宽阔，亿万中国人的生活必将越来越美好。

专家点评 ZHUANJIA DIANPING

惊回首，改革开放，波澜壮阔，在这片九百六十万平方公里的热土上，亿万中国人以自己的辛勤劳作和创新精神，谱写了一曲从愚昧走向文明、从落后走向发展、从贫穷走向小康的英雄赞歌。

数风流人物还看今朝。成功的创业者就是今日的英雄。

中国特色社会主义理论就是一种鼓励创新、鼓励创业的理论。她产生于中国大改革、大创业的时代环境，并哺育了无数创业英雄。展望将来，我们应深入贯彻和落实科学发展观，仍以"创业"作为时代的主旋律，与时俱进、开拓进取，推动全民创业进入新的高潮。

深度阅读

1．党的十一届三中全会报告：《解放思想，实事求是，团结一致向前看》。

2．党的十五大报告：《高举邓小平理论伟大旗帜　把建设有中国特色社会主义事业全面推向二十一世纪》。

3．党的十七大报告：《高举中国特色社会主义伟大旗帜　为夺取全面建设小康社会新胜利而奋斗》。

2

创业抉择
——成就梦想第一步

　　扩大就业，促进再就业，关系改革发展稳定的大局，关系人民生活水平的提高，关系国家的长治久安，不仅是重大的经济问题，也是重大的政治问题。就业问题解决得如何，是衡量一个执政党、一个政府的执政水平和治国水平的重要标志。

——江泽民

当我们热血澎湃地追溯中国过去30年里改革创业的艰难历程，万千感慨创业富民所带给我们的惊喜与欢欣时，我们从时代旋律的每一次起承转合中，同样悟到了这样的真理：国家的强盛，人民的富裕，民族的振兴，从根本上讲，需要我们每一个普通劳动者的拼搏、奋斗与奉献。

所谓"心有多大，舞台就有多大"，"思想有多远，行动就有多远"。当钟声再次奏响春天的序曲，当"创业"成为时代的最强音，时代的弄潮儿，请不要在创业的大门外徘徊、犹豫！每一个有责任感的热血青年，每一个有使命意识的进步人士，每一位怀揣理想、信念、激情的朋友，请相信你自己，请相信命运就在手中。社会的繁荣，个人的价值，需要我们用燃烧的激情成就梦想。让我们携起手来积极应对新世纪、新形势的各种竞争与挑战吧！

2.1 创业的第一动力

千百年来，创业激发了中国人的聪明智慧，创业带来了中华文明的巨大成功，创业更实现了中华民族近代以来百年崛起之梦。

创业令古老的民族焕发生机，创业使居住在这片土地上的人们迸发梦想，燃烧激情。然而，在理想与理智，激情与现实之间，梦想与成功究竟离我们有多远呢？

有位哲人曾说，有梦想，并立即行动的人才会成功。梦想是我们打开成功之门的第一把金钥匙。因此，创业之梦，就是我们走向成功的第一步。

试问，那些连想都不敢想，梦也不敢做一个的人，能成就什么大事业？梦想是一种热切的追求，梦想更是一种迫切的渴望，而这种追求与渴望恰恰是我们产生创业抉择的第一推动力。

■ 让创业之梦张开双翼

有梦想的人生才是完整的人生。有梦的人才有目标。

文学大师林语堂曾经说过："梦无论怎样模糊，总潜伏在我们的心底，使我们的心境永远得不到宁静，直到这些梦想成为现实。"对理想的追求，对成功的渴望，是我们每个人心中的梦。正如歌词中唱到，我们每个人都有两个自己，都在幻想与更成功的自己不期而遇。成功不仅是一种心态，更是对命运的挑战，对人生的抉择。

何谓抉择？简单来说，抉择既是选择，也是决定，好比一个"动作"两步走。从内容上来说，抉择意味着"动作"一开始就要挑选与取舍，是思与行的统一。从形式上来说，抉择可分为一次性抉择和连续性抉择，一次性抉择即我们日常生活中遇到的普通抉择，如上街购物；连续性抉择则表现为抉择的持续性，如人生抉择。

创业抉择不比日常的选择，它既有抉择的一般属性，也具有创业附加的特殊性，因为创业本身是一个在不断选择中抉择的过程，是成功与失败交织在一起的过程，具有高风险性和高收益性。

从主观上分析，产生创业冲动，做出创业抉择，主要来源于创业者渴望改变人生际遇、提高人生质量、实现人生价值。换言之，创业之梦始于创业者不安现状，不甘平庸。美国经济学者班杰明分析创业者的心理素质时说：绝大部分创业者都有一个共同的特征，这就是他们不安分。

很多人说，80年代出生的人是一群不安分的人，1981年出生的PCPOP网站创始人、CEO——李想就是其中的典型，他用其经历和行动证明了，只要有梦想，不安分者能成就大事业。李想称自己的创业动机很单纯，"我只是想每月能有2000到3000元的收入。我很快做到了。2000年，我就想把网站商业化，我也做到了。2003年，我想赚更多的钱，在石家庄不行，我就到北京了。想过把网站卖掉，但是舍不得团队，就又开始想上市"。他在自己的博客里嘱咐：80年代的人要早早确定自己的方向和目标。他认为现在的成绩只是他取得的"阶段性成果"。

资料链接

2006年"中国十大创业新锐"之"80后"

李想，北京泡泡信息技术有限公司首席执行官。1999年开始创业，2000年，注册泡泡网并开始运营。2005年，从IT产品向汽车业扩张，创建汽车之家网站。目前身价：两亿元。手下团队：900人。

当然，还有很多人会说，实现梦想的途径有很多，创业只是追求梦想的形式之一。但是，在以财富的多寡作为事业成败的重要判断依据的市场经济时代，创业无疑是对成功的最直接诠释。

当今中国，有一大批顺应改革开放大潮成长起来的创业者，从创业之初，就把创业的根本动力定位在产业报国、创业富民的崇高境界上，随着其个人事业的不断成功，他们对"成功"的理解也更加成熟、厚重。

名人名言

我们把财富当作可以适当利用的东西，而没有把它当作可以夸耀自己的本钱。至于贫穷，谁也不必以承认自己的贫穷为耻，真正的耻辱是为避免贫穷而不择手段。……我们不以贫穷为耻，但若不努力加以改变，倒成了真正的堕落。

——（古希腊）伯里克利

2004年6月，华人首富李嘉诚在汕头大学报告厅举行的题为《"知止"而后为》的学术演讲会上，谆谆告诫长江商学院工商管理硕士课程班的学员，"作为一家企业，买进来的便宜，卖出去的贵，赚你应该赚的利润，这一点大家都同意。作为一家公众公司，你一定要为股东创造你应该创造的利益，这一点无可厚非。但是基金会不同，基金是我个人拿出来的，每一个铜板都是抽完税后才放进去的。我最大的经济来源是外国和香港的公司派给我的股息，然后我把这笔钱放进我的基金会，用在医疗、教育等公益服务中。两者是没有冲突的。在外国，一个成功的企业家非常受尊重，但是在我们过去的旧社会里，商人处于比较低的地位。在西方国家，尤其是在美国，他们很多成功的商人，在退休的时候都拿出非常多的钱去贡献社会，我希望在座的每个人将来都成功，并在成功之余都能拿出一笔多余的钱来奉献，做一生都会觉得永远高兴的事情。"

■ 让创业之梦照进现实

创业之梦为我们打开了实现理想、成就自我的天窗，那么，创业抉择就是连接梦想与现实的彩虹。彩虹很美丽，却要经历过滂沱大雨，才获得太阳的垂青。

从"创业"的字面意思理解，创业是指创立基业或创办事业，也就是自主地开拓和创造业绩与成就。从创业过程来看，创业是创业者不断贡献个人时间、付出巨大努力，并承担相应的财务、精神和社会风险的过程。

对一个真正的创业者而言，创业从抉择开始就充满了艰辛、挫折、忧虑、痛苦和徘徊，创业者对成功的体悟也是渐进的，因此，创业是人生长期不懈的追求和奋斗。矢志不渝者，方能成功！

当一个人具有了创业的激情和想法，客观环境往往是创业抉择产生的孵化器。市场经济时代，创业是"经济人"的理性行为，创业的高风险性和高回报性，即创业行为的收益性评估是创业抉择的直接诱因。因此，创业抉择的产生，不仅受到创业者主观意愿的支配，同时，也受到客观环境的制约。

没有实现创业的外在条件，或者说没有能够使创业者"破釜沉舟，背水一战"，甚至是"壮士断腕"的客观需要，很多时候，创业理想仅仅是镜中花、水中月。创业抉择的产生，时常与创业者的个人遭遇、家庭条件、社会风气等一系列客观因素联系在一起。

进入21世纪，科学技术的迅猛发展，传播手段的不断革新，人才之间的竞争日趋激烈等等，给新时期的创业者带来了前所未有的机遇和挑战。其中生存的危机是将创业者"逼上梁山"的最直接推动力。我国社会学家近来进行的一项社会调查表明，人们在生活和工作中普遍面临一些困难，其中首要的困难是就业难。社会上有"就业难，难于上青天"的说法。

随着国际金融危机冲击的日益加剧，我国经济发展面临前所未有的挑战。经济面临挑战，势必对就业带来影响。数据显示：2008年四季度，工业、出口等关键经济指标大幅下滑甚至出现负增长，6.8％的季度经济增长率更是近年来所未有。经济下行对就业影响很大。据统计，大体上GDP下降一个百分点，所带来的就业人数的减少在100万人左右。

2009年7月已有700余万农村新成长劳动力进入求职队伍。另据统计，2009年全国有610万大学毕业生，再加上2008年毕业未就业的高校毕业生100万人，总计710万左右。在这两个庞大的就业群体之外，还有城镇下岗失业人员、地震灾区劳动者、残疾人等各类就业困难人员，在当前严峻的经济形势下，他们的就业尤其需要重点帮扶。然而，在我国由于影响充分就业的制度性障碍依然存在，就业难问题短时期内依然很难得到解决。

> 国内权威的人力资源服务商在一份报告中指出：2004年，外资或国内知名企业一个普通职位的竞争人数可以达到1500人次，而秘书与办公室管理最普通的职位，每个职位空缺由167人次申请增加到237人次。此外，财会职业每个职位空缺也由每个职位144人增加到189人。

　　近年，国内一些大企业不同程度地裁员，更加剧了职场竞争形势。从另一角度来看，"大企业的平均寿命是35年，创业企业80%的寿命不超过5年"，这意味着大部分人必然面临多次选择就业的问题。从"职场竞争的四个层次"中也可以看到：劳动力是竞争中的最低层次，技能、工作方法可以成为竞争的主要手段，但其被复制、超越的可能性很大，无法成为独一无二的优势。以至于很多白领都发出"打工仔难当"的叹息。

工作相对稳定一点的公务员或事业单位岗位，不仅越来越难考，而且这些岗位的容量也越来越小，其要求也越来越高。即使有幸成为公务员，也并不等于捧稳了这个铁饭碗。

资料链接

2009年公务员考试空前火爆

据人民网报道，2009年国家公务员考试遭遇前所未有的激烈竞争。2008年10月25日凌晨零点，人力资源和社会保障部官网终止了历时10天(10月15日—10月24日)的公务员考试网上报名。据初步统计，2009年公务员考试的报名人数已经超过2008年的80万大关。同时，最热门职位的竞争率也是三年来首次超过4000：1，中国残疾人联合会组联部基层组织建设一职已经有4584人争报。较之2008年最高供需比3592：1是"更上一层楼"。无锡海关监管一职紧随其后，供需比达到4125：1；厦门地区隶属海关办事处现场监管的3个职位吸引了10205人成功报名，供需比约为3402：1。

不仅公务员入门难，其内部竞争也愈加激烈，铁饭碗不铁，已是共识。一段时间以来，从聘任公务员到辞退不合格公务员，许多地方政府纷纷试水打破公务员"铁饭碗"。

据新华网报道，云南省从2008年初开始出台公务员管理四项基本制度，重点是推进行政问责制，截至当年3月1日，全省共问责370人，其中厅级13人，县处级85人，其它干部272人；省直机关实施问责49人，州市、县政府及部门问责321人。按照《行政问责办法》规定的10种问责方式，诫勉谈话138人，取消当年评先评优资格12人，责令作出书面检查5人，责令公开道歉11人，通报批评90人，调整工作岗位1人，停职检查12人，劝其引咎辞职3人，建议免职18人。

实际上，在职场竞争日趋激烈，就业愈来愈困难的情况下，我们不妨另辟蹊径：自立门户、自主创业。选择创业，走上自主创业的道路，是我们这个时代个人应对危机、实现发展的最佳途径。何况改革开放30年来，经济发展的巨大成功，使人们在思想观念上发生重大改变，全民创富的社会风气，为人们选择创业扫清了障碍。

市场经济的发展，使现代中国人从耻于言利的桎梏中解放出来，追求利益是人的本性这一观点越来越得到人们的认同。此外，社会新阶层的产生和壮大，使几千年的官本位思想终于有了淡化的迹象，人们开始认为，除了当官，原来还有很多实现自己人生理想的途径。

另外，由于中国法制的不断健全和完善，以及西方先进思想的传播和影响，国人的价值追求更加多元化，自由民主、私有财产的观念已经深入人心，这些都成为人们理直气壮地选择创业之路的思想基础。最突出的就是，从谈钱色变，到正视金钱的作用。这是社会的进步，反映了人们对现实中个人和家庭生活有了更本质、更实际的认识。许许多多的创业者认识到："打工不如当老板"、特别是"帮老外打工不如回国自己当老板"。

新浪网转载的一篇"天生是商人"的文章报道，在浙江宁波，人们创业致富的意识特别浓，宁波人骨子里的"发财梦"让当地人"有大钱的想当大老板，有小钱的当小老板，没钱的借钱当老板，借不到钱的梦想当老板"。并且他们还提出"不做地区和地域人，要做放眼世界的地球人"。

当今社会，无论是父辈遗产，还是过硬的"社会关系户"，都无法代替自己的个人努力。据在沿海发达地区的商人反映，政府行为日益规范，企业发展环境也比较宽松，经商必须寻求政治保护伞的现状已有所改善。依法治国的国策，得到越来越多人的支持和拥护，人们旧观念中的"靠山"，靠不住了。

总之，21世纪，成功已不再困囿于单一的晋升通道。"学而优则仕"的时代已经过时，创业给人们带来的财富以及精神上的认同感，已经远远超过了"创业"本身的价值。由"创业"形成的价值体系才是生活在这个时代的人们最珍贵的财富。

■ 让创业之梦成真

创业之梦激发了人们走向成功的万丈豪情，点燃了人们征服万难的燎原火焰，但是，如何让美梦成真，让理想变成现实，那还需要创业者在创业冲动面前，冷静地分析，理智地抉择，否则，一不小心，美梦成为噩梦，成功之路变成毁灭之途。

创业抉择是创业之梦实现的起点，抉择的正确与否，决定了创业本身的前途和命运。因此，创业抉择是一件痛苦的差事，更是一件冒险的大事。在创业之路上，抉择具有举足轻重的重要作用。

资料链接

在读博士陈大明：创业不靠"一时冲动"

也许是从小到大的"下海"经历多，当时我觉得，无论是社会环境还是个人能力，刚刚本科毕业的我并不适合创业。于是我一边"把创业作为梦想"，一边先后在上海、深圳打工，同时还继续给自己补充知识。

2005年10月9日，我的公司在上海大学科技园区注册成立，当时仅有4名员工，办公室只有30平方米，大家挤在一起没日没夜地工作，希望公司能够快点出产品，解决最基本的生存问题。由于有多年工作经验，我知道虽然我们在半导体照明显示行业有一定的经验和技术，但是一个新公司、新产品要让客户接受，除了本身品质、价格有优势外，一定要有亮点吸引客户的眼球，并且能够真正解决客户的难题。

在接下来的半年里，公司先后推出三款不同定位的产品，展示了公司实力，客户也逐步把眼光投向我们。从2007年到2009年两年时间，我们逐步建立起研发、销售团队，吸纳了10多名大学生，公司的名声在行业内传开了。可意想不到的问题出现了：合作伙伴、客户越来越多，公司的"战场"越来越大，我们有限的注意力被分散，导致公司核心产品研发滞后，一些新项目面临失败或者终结。

那时候的我，真有点无所适从。此前我觉得自己也算阅历丰富，创业也应该比别人顺利，但碰到实际问题我真的不知道到底该干什么才好。明明知道每个人都很有力量，但是却不知道力往哪里使。还好，我的伙伴们也意识到了这个问题，大家一起讨论解决之道。市大学生科技创业基金会也注意到公司的问题，找了很多知名的创业导师帮我们把脉。现在问题已基本解决，公司又走上了良性发展的轨道。

我始终相信，创业能够改变命运，创造奇迹。但是，创业也需要你苦心酝酿，精心准备，用心经营，耐心等待。包括何时创业、走怎样的创业路线、何时"进攻"、何时"收缩战线"，都不能凭一时冲动，必须深思熟虑。

（摘自：http://sh.xinmin.cn/shms/2009/05/23/1995110.html，作者：《解放日报》袁野。）

雅虎"酋长"杨致远曾告诫年轻人：如果你决心自己去创业的话，最难做的决策不是能不能像比尔·盖茨一样赚很多钱，而是你能不能、愿不愿意接受一种失败的经历。有多少人能接受失败这个现实，并去面对它？要是你觉得，要去做的事情有可能失败的话，那你就可能会成功。

创业型经济时代，创业不难，却难在如何进行创业抉择。因为，创业者投下的每一分钱都是一种冒险，但是，正因为这是一种冒险，才能激发人们无限的潜能和智慧，才能实现许多不可能的梦想和神话。因此，当你的抉择与我们的时代紧密相连，准备实现创业的理想时，请相信你自己，并做最适合的自己。

2.2 创业抉择的首要素质

    任何人都可能在人生的某个阶段成为创业者，但是，成就创业抉择，还需要创业者有胆有识。胆，即胆量和勇气，胆小怕事，畏惧担当的人不会做出创业抉择；识，是知识、智慧，即我们通俗的理解——眼光。光有胆量，却没有知识的人，也只能令创业抉择变成一次鲁莽的探险。因此，胆识兼顾方能成就创业，抉择才能造就一场涅槃与腾飞。

■ 胆有多壮 事业就有多强

    改革开放30年，成就了数以万计的创业者，他们在最初做出创业抉择的那一刻，都鼓足了超人的勇气，具备了独到的眼光，阿里巴巴董事局主席马云就是其中的杰出代表。

资料链接

马云的创业故事

马云在整个学生阶段成绩都不是太好，仅仅处于中

上水平。1984年20岁，马云坚持自己的想法，努力学习，参加第三次高考，终于考上了杭州师范学院外语系外语外贸专业，1988年24岁，马云大学毕业，由于英语很好，被分配到杭州电子工业学院（现为杭州电子科技大学）教英文，成为杭州师范学院当年所有500名毕业生中唯一能去大学教书的人。1991年，马云利用自己的英语专长，和朋友成立了海博翻译社，这是马云第一次进入商海，对海博翻译社经营管理的经验对马云以后的企业经营产生了重要的影响。

1995年，马云作为一个贸易代表团的翻译前往西雅图。首次接触到互联网，当他在雅虎上搜索"啤酒"这个单词时，却没有搜索到任何关于中国的资料，马云意识到这是一个难得的机会，决定创建一个网站，并注册了"中国黄页"这个名称。于是马云借了2000美元，创建了一个公司。"中国黄页"与中国电信竞争了大约一年，中国电信表示愿意出资18.5万美元与马云组建合资公司。在巨额资金的诱惑下，马云答应合作。但是中国电信在公司董事会中占据了七席中的五席，马云的建议基本都被拒绝。这时，马云得到了一个负责运营一个旨在推动电子商务的政府组织的业务，马云看到了电子商务的光明前景，尽管当时马云收入不菲，但他仍决定辞职单干。

1999年3月，马云和他的团队回到杭州，以50万元人民币创业，开发阿里巴巴网站(www.alibaba.com)。他根据长期以来在互联网商业服务领域的经验和体会，明确提出互联网产业界应重视和优先发展企业与企业间电子商务(B2B)，他的观点和阿里巴巴的发展模式很快引起国际互联网界的关注，被称为"互联网的第四模式"。

阿里巴巴获得国际风险资金投入后，马云以"东方的智慧，西方的运作，全球的大市场"的经营管理理念，迅速招揽国际人才，全力开拓国际市场，同时培育国内电子商务市场，为中国企业尤其是中小企业迎接"入世"挑战构建一个完善的电子商务平台。

截至2000年12月15日，阿里巴巴会聚了来自202个国家和地区的46万注册商人会员，每天发布2500条商业供求信息，成为国际贸易领域内最大、最活跃的网上市场和商人社区。阿里巴巴成为美国、欧洲等国家和地区的政府部门及民间机构向本地区企业推荐的国际商务站点。

2000年1月，中国互联网络大赛组织委员会将阿里巴巴评为商务类优秀网站。2000年6月，获互联网周刊授予的2000年度中国百家优秀网站。2000年6月，美国权威财经杂志《福布斯》将阿里巴巴选为全球200家最佳B2B站点之一。2000年11月，在《远东经济评论》杂志全球最佳B2B网站的读者评选中，阿里巴巴荣列第一。

如今，这个瘦削的年轻人，正继续率领阿里巴巴众"梁山好汉"，不断创造着中国电子商务市场史上芝麻开门的奇迹。

马云在不到10年的短短时间，凭借自己过人的胆识，三次做出创业抉择，一次比一次惊险，一次比一次成功。

德国大哲学家康德曾说："人的心中有一种追求无限和永恒的倾向。这种倾向在理性中最直观的表现就是冒险。"

事实证明，成为一个成功的企业家的关键因素最理所当然的莫过于勇气了。许多工商管理硕士（MBA）虽拥有最新的、最保险的管理理论，却在成为企业家的路上失败了，只因为他们缺乏足够的勇气。而那些只具备献身精神和无比勇气的人，却在这条路上顽强地成长起来，最终成为企业家。

当然，这里决不是说光有勇气，光有冒险精神，就能成功，创业者需要胆量，而不是胆子大。世界头号管理学大师彼得·德鲁克明确指出，"创业家并非冒险家，相反地，他们永远在避免下赌注带来的危险。他们先估算出风险的大小，并在自己所能承担的范围内行事。"

冒险是一个渴望成就大业的人必须具备的精神，风险和利益是成正比的，一分风险就是一分财富，如果没有冒险精神，一个人就很难取得大的成功，但同时也要培养自己的风险意识，只冒相对"有把握"的险，否则会死得很难看。因此，创业者具备勇气的同时，一定要学会善于规避风险，尽量不冒太大的风险而把事情做成，才是明智的企业家。

资料链接

搜狐总裁张朝阳的创业成功之道

张朝阳认为，商场如战场，威胁来自四面八方，要想成为一名成功者，就必须培养自己的风险意识，这样才能长期立于不败之地。他曾笑言："我是个风险意识比较强的人，这也是为什么我能一直坐在这个位子上，没有被干掉。"

那么怎样来规避风险呢？这就需要创业者的智慧了，这种智慧主要包括：知识的储备、经验的累积、吃苦耐劳的精神、败而不馁的顽强意志等等。

所有这些先天与后天努力的因素综合在一起又构成有利于创业成功的"软条件"和"软实力"。

总之，只有智勇双全的创业者，才能在自己选择的创业之路上，越走越远，越走越自信。

■ 心有多大 舞台就有多宽

除了胆识，人们普遍认为影响创业者做出抉择的因素还有很多，如：年龄、性别、文化程度、出身背景等。正所谓心有多大舞台就有多宽。只要有凌云壮志，人人皆可创业。

我们先来看年龄因素。年龄是个时间概念，任何人都无法改变其日增月长的必然趋势，本不应成为创业的重要影响因素，但对很多创业者来说，这既是一种动力也是一种制约。

事实上，创业无所谓年龄的高与低。因为当今时代，竞争日趋激烈，检验创业成功的标准是实绩，而非年轮。只要经过奋斗之后有所成就，就不必在乎自己的岁数。创业，只要追求，就永远不晚！

对于有一定岁数的人而言，经历过世事的风风雨雨，尝遍了人生酸甜苦辣，是越容易成就自我、实现梦想的。重庆力帆集团的掌门人尹明善，在年过半百后才开始正式创业，却以十年之功把一个力帆摩托搞得有声有色，及至成长为实力雄厚的集团公司，正全力进军国际市场和小汽车产业市场。

美国创业者罗伯特·蒙大卫回忆说，正是自己创业的念头激励了他，"我感觉好像重生一样，我又像个孩子似的，浑身是劲儿，随时准备爬上山顶，征服世界，找到黄金。"是的，在一个不寻常的年龄——52岁，他生命中伟大的冒险里程终于开始了。

微软公司总裁比尔·盖茨20岁起就开始创办他的公司，WAL－MART公司老板圣·瓦顿44岁起开始创业，而风靡全世界的麦当劳快餐老板哈伊·克洛克（RAYKROC）最初开始经营他的快餐店时已届"知天命"之年。当有人问他事业是否开始得太晚了，他说："我现在52岁，患上了糖尿病和关节炎，而且前不久刚被切除了胆囊，但是我仍然坚信，最美好的生活还没有来到呢。"

　　岁数大了可创业，年纪轻时更可创业。有些时候，创业还需趁早。2007年1月9日《新闻晚报》采访美国伊登护肤产品公司CEO贾斯敏·劳伦斯时了解到：美国少年实践得出"赚钱要趁早"的结论。——这个说法来自一群尚未成年却已经当上CEO的孩子。现年15岁的美国黑人女孩贾斯敏·劳伦斯是这批最佳少年CEO代表之一。这个女孩在她13岁的时候创办了以"年轻，抓住青春"为口号的"伊登护肤产品公司"，主要业务是开发纯天然的美容产品。如今，她的公司已经开始和沃尔玛大卖场商谈供货事宜。

　　新浪网主要创始人之一王志东认为："英雄自古出少年，所以现在的80后创业，我觉得很正常，如果现在80后还不创业、还不成功，我倒会奇怪后继无人了。"

　　我们再来看性别因素。从理论上看，在当今有利的创业时势和日趋完善的创业环境下，性别不再成为创业的分水岭。但在现实中，女性创业仍然面临着一些障碍。因为是女性，就较难获得资金或融资，较少得到支持，社会持普遍的负面态度（尤其是对待"女强人"），一定程度上存在公开的性别歧视或偏见。但是，这些都不应成为创业的真正障碍。改革开放以来，多少女性的风雨创业历程，都有力地说明，创业不分性别。

资料链接

朱双凤的创业之路

上海双凤骨明胶有限公司董事长，中国明胶协会副理事长，浦东新区商会副会长。2002年被评为浦东新区"十大"杰出青年，荣获2001—2002年度上海市"三八"红旗手称号。虽然她早年经历了被亲生父母遗弃、养父母不疼不爱、丈夫背叛最终不得不离婚的种种人生不幸，但是她以其顽强的毅力战胜了一切困难，成为中国女子创业史上的重量级人物。

1993年，她为还债，只身从杭州乡下到上海"跑单帮"做明胶买卖。1995年，她在浦东三林建厂。1998年，公司争得自营出口权。1999年在英国伦敦设立办事处。2001年中国三胶出口联盟基地在双凤公司挂牌。2002年，双凤公司出口创汇超过1000万美元。2003年，双凤公司在荷兰订购了1000万美元的明胶流水线——这套设备运用生物原理解决环保问题，是目前世界上最先进的明胶生产设备，同时，中国明胶协会决定将在北京的总部迁到双凤公司。

有时候，在创业实践中，女性性别不仅不是劣势，相反，恰恰可能是某些优势。比如，女性柔和与细致的特点在经营管理上就具有某些优势，尤其是在知识员工占多数的现代服务业，如金融银行业、咨询培训业等，女性的优势常常得以充分发挥。商业谈判从来就不是一件轻松活计，但有时女性却能游刃有余。

再看文化程度因素。从国内外众多创业案例来看，创业成功与否和一个人受教育的程度并无直接的关系。"全球创业监测"项目（GEM）认为：大学教育与创业活动关系较弱，没有大学学位的人创立了3/4的企业。高等教育只与创业成败率可能有重要关系。美国幽默大作家马克·吐温就曾几度心血来潮自己创业或委托投资办实业，但几乎都失败了，最后落得差点穷困潦倒。毛泽东同志曾说过，学问再多，方向不对，等于无用。对创业者而言，一定要树立"学历高低不重要，真金功夫打天下"的观念。巨人网络董事长史玉柱说过："不要认为自己初中水平怎么样，初中水平跟博士后没什么区别，只要能干就行，我一直是这个观点，不在乎学历，只要能干、能做出贡献就行。"

出身背景。中央民族大学教授黄泰岩称：当人们为海尔、联想等一大批中国企业的成功欢呼的时候，许多人在不自觉间形成了一种思维定式：创业是伟大的，伟大的事业普通平民只能敬仰，不能接近。"这是一个误解"，他说，创业是极其平凡的，甚至很弱势的人都可以去尝试并且成功，"在我们国家的创业英雄族谱中，平民创业英雄恰恰是薄弱的一章。"

"王侯将相，宁有种乎？"平民子弟也有机会发家致富。世界篮球巨星迈克尔·乔丹曾经说过："我们来自底层，我们白手起家，我们从来没有放弃过希望，总有一天我们会梦想成真！"

南存辉与邱继宝这两位街边的修鞋匠，仅用二十几年的时间，便成为了亿万财富的拥有者。他们是白手起家的浙商杰出代表，在中国市场经济刚萌动时，靠自己的勤劳、精明抓住了好时机。他们所领导的正泰集团、飞跃集团都曾是中国民营企业的领跑者。他们从事着传统行业，一步一个脚印累积起自己的财富。他们文化程度不高，但在企业探险与寻宝的过程中，坚持不断学习，以自己的智慧和努力谱写了浙商传奇。无论成败，他们永远是受人尊敬的企业家。

此外，创业者的婚恋状况与质量，也可能左右着创业的成败，至少影响着其工作情绪和干劲。美国艾维士租车公司的创始人沃伦·艾维士曾经说过："由于投入到新的企业活动中去时必然要承担大量的义务和付出，所以许多企业家都处于未婚状态。"婚姻是需要经营的。许多创业者、企业家、更多的事业家，擅长经营企业、事业，却不善于经营婚恋（家庭）。因此，创业者一定要注意处理好事业与婚姻两者的关系，实现事业与婚姻的双丰收。

2.3 创业抉择因人而异

成功是令人羡慕的，财富是令人向往的，拥有财富的成功人士是令人尊敬的。特别是，生活在以"财富"论英雄的时代，创业无疑是实现成功，实现价值的最佳平台。我们呼吁并鼓励千千万万有理想、有抱负的朋友，积极投身到创业的洪流中，成就梦想，实现价值，勇敢地迈出创业的第一步，但同时，在挑选和定位创业路线时请注意：最适合的才是最好的!

■ 八仙过海 各显神通

创业的主体是人，因此，不同性格的人，不同群体的人在不同的客观条件下，其抉择也就迥然各异。由此，导致创业抉择的方式也变得多种多样，正可谓"八仙过海，各显神通"。

目前的创业者群体主要有以下几种类型：全职创业、兼职创业（内部创业）、准创业、社会创业、"受限但不局限型"创业等等。

　　一般来说，全职创业者是指那些创主业的"企业家"。企业形式包括独资自我主导型和合作合资合伙型。绝大部分的成功企业家都属于全职创业类型。当前流行的各种加盟型企业是其中的典型代表。此外还有夫妻创业、单亲创业、中年创业者和青年人创业者等。

资料链接

中国最成功的创业夫妻

　　一个男人和一个女人，用12年的时间来做夫妻，是件很难的事情；这12年当中，两人不但晚上要搭伙过日子、白天更要合伙去做生意，这更是件难上加难的事情；而用短短的12年时间，夫妻俩摇身一变为百亿富豪，那简直是难于上青天的事情。但现年43岁的潘石屹和42岁的张欣却把这些难事一一踩在了脚下。

　　2007年10月8日上午9时30分，SOHO中国（香港交易所代码：410）在香港联合交易所主板正式挂牌交易。上市首日以10.10港元开盘，收盘报9.55港元，较8.30港元的发行价上涨了15.06%。以当日收盘价计算，SOHO中国总市值已经达到了477亿港元，潘石屹夫妇的身价也一飞冲天至350亿港元，成为中国最富有的夫妻。
（http://info.china.alibaba.com/news/detail/v5003000-
d1001305546-p1.html#cartoon）

兼职创业者则倾向那些有正业的"副业家"，包括参股而未控股型的兼职创业（中长期）；无股份纯帮工型的兼职创业（中长期）；一次性或实习性的兼职创业（短期）。还包括远程服务、外包服务等。

美国彭雷连锁店铺创始人彭雷曾经分析过辞职创业的难度，他说："对于任何人来说，放弃多年来得心应手的工作，另起炉灶，从一个更低的起点起步，这的确不是一件容易的事情。但是，只要你拥有满腔勇气和凌云壮志，你就可以迈出这艰难的一步。"只要你跨出这关键的一步，成功就在你面前！

随着未来远程办公的普及，人们的工作时间越来越灵活，《钱经》据此断言，业余兼职会越来越多。8小时外掘金，将成为人们赚钱致富的另一个源泉。在不影响本职工作的前提下，业余兼职正在成为一种时尚。

《钱经》杂志曾介绍，曾经连续3年成为中国的首富，身价高达102亿美元的丁磊，他的第一桶金，大约50万元人民币，大部分是8小时之外靠辛苦写软件挣下来的。拿着这些辛苦积攒下来的钱，丁磊在一间只有7平方米的房间，开始了自己创业的第一步。

内部创业是由一些有创业意向的企业员工发起，在企业的支持下承担企业内部某些业务内容或工作项目，进行创业并与企业分享成果的创业模式。这种激励方式不仅可以满足员工的创业欲望，同时也能激发企业内部活力，改善内部分配机制，是一种员工和企业双赢的管理制度。

具体说来，大公司的"内创业家"可细分为ABC三类：

A．创新型的内创业家，主要指从事技术开发的研发人员，他们的创业进取精神和创新能力一般都比较强；

B．经营型的内企业家，主要指担当子公司、分公司、新设事业部拓展重任的经理管理层。他们拥有与创业家几乎一样的创业精神，只是不愿离开多年熟悉的单位而在内部积极创新创业，永不停步。

C．加入创业公司也是在创业。搞一个创业公司其实也不容易，不是谁都可以搞的，但是，绝大多数人都有机会加入一家创业公司共同创业。弘扬创业精神，并非狭义的做创业公司的创始人，创业公司的经理们虽然不是创始人，但因为加入创业公司，也应将心态调整为创业心态。因此，"内创业"也是创业。

"准创业"则是用来形容非正式创业的探索尝试者。比如在校大学生、中学少年在正式创业之前积极探索，进行试验。在现实中，"准创业者"其实很多，主要有以下几类：

A．理想型的铁杆的创业探索者，他们怀抱理想，坚持探索，永不放弃自己的梦想。

B. 兴趣型的好奇的创业大玩家，他们因为拥有了孜孜以求的至爱，可以不计代价，甘愿承受挫折和痛苦，无怨无悔。即使分文无获，也会义无反顾。

C. 预备型的聪明的创业准备者。大部分青年学子在校学习时，个人主流兴趣尚未形成，但明白要为将来开创事业做准备。

D. 防备型的明智的创业准备者。在市场经济体制下，所有"打工者"的职业前景难卜。

各类、各级别、各年龄组的打工者都须面对职业不稳靠这一社会竞争常态。当被辞退或因临时特别缘故主动辞职时，即使是事业有成的人士，也会有一种巨大的失落感：原来熟悉的那个平台突然间不再属于自己了！实际上，人们都应该随时准备迎接生活的挑战。

此外常见的创业形式还包括，社会创业与受限但不局限型创业。社会创业这里是特指各种非为片面追求赢利而单纯创办企业的创业，比如公益型创业，兴趣型创业，事业型创业等。"受限但不局限型"创业则是那些受政策和纪律限制的公务员等人士，虽然不能从事一般意义的赢利性创业，但是完全可以充当鼓动"大众创业"的啦啦队。这也是一种不可缺少的创业精神和创业举动。作为光荣的人民公仆，"在其位，谋其政而不谋私利"，全心全意地"为人民服务"，自觉地把推动"全民创业"视为自己一种不可推卸的职责。

当然，创业也不一定是创办企业。著名学者吴辑曾在

《浙江市场导报》撰文，告诫许多创业青年："创业不一定是创办公司，我们原来创办公司，是为了想要成就自己的事业，是创办事业，当时没有现成的条件，所以才创办了企业。现在不一样了，想要成就自己的事业，不一定非要创办企业，只要有平台能够满足你的事业梦想，用好这个平台，打工也是一种创业。"因此，他鼓励年轻人不如把"就业"看成"创业"，把这个"业"看成事业，利用一个好的平台，把它当成自己的事业，当成自己学习成长的空间，以创业者的心态去对待，依靠自己的努力来实现自己的梦想，就一定可以创业成功的。

这个成功的定义是，你可以变成真正的精英，可以变成让老板对你尊重的精英，而不是可以随随便便混日子的打工仔。能否把自己的工作岗位当成自己的事业去看待，取决于你是就业的心态，还是创业的心态，前者注定就是混日子的。同样的年龄，两种不同的心态，就是一个巨大不同，无论从能力还是收益方面上说。把自己的工作当成事业，其实就是一种创业，一种成功率更高、社会价值更大的创业。

■ 认识自我 变草为树

古希腊大哲学家苏格拉底曾经说过一句话，"认识你自己！"

每一位创业者在创业开始之前，必须认清是什么驱使着你，你的激情所在，你最擅长的是什么？真的能驱动你的是什么东西？因此，请在创业之初，认真分析你的兴趣、爱好和自身的各种条件，尽可能调动一切有利于创业的积极因素。

只有当你真正认清了自我，选择做自己热爱又合适的事情时，你才有机会去获取持续的成功。你可以根据自己的条件和可能的运气，选择做小个体户企业主，小公司创业者，或是创建优秀大公司的杰出创业者。

特别是对于有理想的主动创业者而言，认识您真正热爱的事业是成功的必要条件。对于已经摆脱了基本生存挑战的"被动型"创业者而言，了解自己的潜力才能逐渐地拥有"事业"的意义和乐趣。因此，创业抉择的最后一步，千万要记得重新、仔细地认识你自己，做最合适自己的事业。

资料链接

俞敏洪的"树草"理论：追求树的高度

2007年，俞敏洪曾在为"赢在中国"活动担任评委时，给一位选手做了一次现场演讲示范。该选手是一位美容美发连锁学校校长，众所周知，美容美发行业的从业人员通常会被人看低一等，所以评委要求这位选手现场演讲，鼓励自己的学生树立良好的心态。由于该选手的演讲不尽如人意。于是，俞敏洪应主持人王利芬的要求，将赛场当成讲堂，做了一次有关

"树草理论" 的精彩演讲。

"树草理论"所阐述的不仅仅是一种人生态度，更是一种对命运的主动抉择。也许美容美发业在一些人看来并不是一个体面的职业，不是创业的最佳选择。但是，俞敏洪希望创业者明白，创业没有高下之分，只要是合法的，适合自己的，都是好的创业项目。而创业者无论选择哪一个行业，能否获得成功，取决于他的创业心态：是选择做一株卑微的草，还是做一棵参天的大树。

"树草理论"：人的生活方式有两种：一种是像草一样活着，你尽管活着，每年还在成长，但是你毕竟是一棵草，你吸收雨露阳光，但是长不大。人们可以踩过你，但是人们不会因为你的痛苦而产生痛苦；人们不会因为你被踩了而来怜悯你，因为人们本身就没有看到你。所以，我们每一个人都应该选择第二种活着的方式——像树一样活着，像树一样成长。即使我们现在什么都不是，只要你有树的种子，即使你被踩到泥土中间，你依然能够吸收泥土的养分，自己成长起来。当你长成参天大树以后，在遥远的地方，人们就能看到你，走近你，你能给人一片绿色。活着是美丽的风景，死了依然是栋梁之材，活着死了都有用。这就是我们每一个同学做人的标准和成长的标准。

（摘自：《俞敏洪如是说:中国教父级CEO的创业智慧》，中国经济出版社，2008 年6月版。）

曾就读于卡内基梅隆大学，获计算机学博士学位，同时还是美国电气电子工程协会院士的李开复先生，早年在给中国学生的第六封信《选择的智慧》一文提到，"经常有学生问我有关如何进行选择的问题，我的回答是：我能帮你做的不是选择，因为你自身的问题只有自己最清楚，自己的未来也只有自己最在意。我能做的只是传授给你选择的智慧，帮你聆听自己心底里最真实的声音，帮助你做出智慧的选择。我提出选择成功的智慧共有8种：'用中庸拒绝极端；用理智分析情景；用务实发挥影响；用冷静掌控抉择；用自觉端正态度；用学习积累经验；用勇气放弃包袱；用真心追随智慧'。"

因此，一个成熟、理性的创业者，通常都会在实践前，对自己所要从事的职业做以下提问：

我喜欢做什么？从事一项自己喜欢的工作，本身就能给你一种满足感。兴趣是最好的老师，是成功之母。调查表明：兴趣与成功几率有着明显的正相关性。在创业开始之前，一定要考虑自己的特点，不要压抑自己的兴趣，选择自己喜欢的职业。一个热爱工作的人往往比不热爱工作的人，愿意多付出一些额外的努力，也因此往往表现得更为卓越。

我擅长做什么？任何职业都要求从业者掌握一定的技能，具备一定的能力条件，而一个人一生中不能将所有技能全部掌握。每个人最大的成长空间在于其最终的优势领域。你可以把自己已经证明的能力和自认为还可以开发出来的潜能一一列出来，在创业之时择己所长。要分析自己讨厌的事情是什么，自己的弱点是什么。当工作使你感到压抑、不愉快，并且成绩平平时，你干这些事的能力肯定很差。对于一个集体，需要克服的是木桶定理中的"短板"，而对于个人，则不要想着努力去补齐短板，而是应该去发挥自己的长处。

环境允许我做什么？回答这个问题前要分析周边的环境，包括本单位、本市、本省、本国，甚至国际上的环境；分析内外环境带给自己创业的机遇和阻碍，只要认为自己有可能借助的环境，都应在考虑范围之内；分析在这些环境中，自己可能获得什么支持和允许。还要分析目前自己所处的行业、企业和职位有哪些威胁，又有哪些机会。在任何时候、任何地方，机会和威胁都是相互依存，并可互相转化的。

社会需要什么？社会的需求不断演化着，旧的需求不断消失，新的需求不断产生。昨天的抢手货或许今天就会变得无人问津。所以在创业之初，一定要分析社会需求趋势。

我要什么？确定自己的人生目标。要在自己理想的框架内制定创业的路线，并将它分解成阶段目标。创业是个人谋生的手段，因此在择业时，首先考虑的是自己的预期收益——个人幸福最大化。明智选择能够实现个人利益最大化的创业项目（个人利益最大化的创业项目：即从社会角度和个人意向中取舍，从而在由收入、社会地位等变量组成的函数中找出一个最大值）。

专家点评 *ZHUANJIA DIANPING*

在一个"万类霜天竞自由"的时代，一次勇敢加智慧的抉择，一段可能充满未知和风险，然而必将成果丰硕的创业历程，将使您的人生与众不同。著名管理学家彼得·德鲁克曾说，21世纪是一个选择的世纪，因为未来的历史学家如果回顾今天，他们会记得今天最大的改革并不是技术方面或网络方面的革新，而是——人类将拥有更多选择的权利。他之所以说这句话，是因为在今天的信息社会里，人人都能靠脑力智慧，获取信息，学习知识，人人都有机会，那么每个人的成功就更要看个人积极地争取和智慧地选择。你现在就站在创业之舟的甲板上，东风浩荡，波涛已在涌动，百舸已在争流，不甘人后的你，不惧艰难的你，渴望成功的你，具备了驾驭这艘航船的种种素质，请不要犹豫，选准航线，勇敢扬起风帆，去远航吧！

深度阅读

1. 《在路上——CCTV〈赢在中国〉首赛季12强创业启示录》，中国民主法制出版社2007年版。

2. 《马云谈创业》，浙江人民出版社2009年版。

3. 《硅谷传奇》，少年儿童出版社2003年版。

3

创业方略

——让拼搏远离盲干

改革没有万无一失的方案，问题是要搞得比较稳妥一些，选择的方式和时机要恰当。不犯错误不可能，要争取犯得小一点，遇到问题就及时调整。这是有风险的事情，但我看可以实现，可以完成。这个乐观的预言，不是没有根据的。同时，我们要把工作的基点放在出现较大的风险上，准备好对策。这样，即使出现了大的风险，天也不会塌下来。

——邓小平

下海岂可不带罗盘，创业怎能不讲方略？

亮开嗓门唱一唱"爱拼才会赢"；静下心来想一想："爱"或许可以盲目，"拼"却不等于一味蛮干。创什么业，也许可凭爱好去选择；怎样去创业，却必须先有一番切实周详的谋划。中国唐代大文学家韩愈有言"行成于思，毁于随"。方略在胸，成功在望。古今中外，有多少创业者因盲目导致失败。

创业，既是实现梦想的彩虹之桥，也是充满挑战的风险之旅。别指望创业的方略能一蹴而就，或一成不变。市场波谲云诡，商机瞬息万变，注定了创业方略的不断修正将伴随创业活动的始终。方略先行，创业跟进。方略不明，寸步难行。

3.1 大处着眼，小处着手

  远在春秋战国时期，庄子就深通"大处着眼，小处着手"之妙。惠子有次抱怨，他种下魏王送的一粒种子，结出个大得像水缸的瓠瓜，吃又吃不完，晒干当水瓢又拿不动，真是大得太没用了。庄子给他讲了个故事：有家人因会做防冻药膏，不怕手脚冻裂，所以祖祖辈辈以漂洗棉絮为业，维持生计。一位客人重金买走防冻药的秘方，趁冬季水寒助吴王水军攻打越国，大获全胜，得到吴王封地之赏。

  同样是小药方，因着眼不同，有人仅用来维持生计，有人却靠它攻城略地，建功立业。庄子讲完故事对惠子说，你嫌瓠瓜太大了，为什么不挖空它当船坐呢？庄子的建议，着眼于大社会，解决了当时交通不便的大问题。而惠子的目光，却始终盯着小厨房打转转，当然看不到瓠瓜的大用途。

　　大处着眼，才有大智量，大见地。小处着手，才能见微知著，化小为大，积少成多，甚至化腐朽为神奇，让本不起眼的小事物，成就"修身齐家治国平天下"的千秋功业。

■ 以小搏大 从无到有

　　这是一个极其神奇的等式，这是一个极其真实的故事：小小汤圆=上百亿元大市场。

　　这个大市场的开辟者，这位神奇等式的证明人，就是中国郑州三全食品公司掌门人陈泽民。

　　陈泽民满50岁那年"老夫聊发少年狂"，来了个让人瞠目结舌的人生道路急转弯，放弃省会一家市级医院的副院长不干，竟下海经商，蹬着三轮车满大街叫卖汤圆。

　　副院长卖汤圆，到底喝了哪碗迷魂汤？让副院长为之神魂颠倒的小小汤圆，难道有某种魔力？

　　陈泽民眼中的汤圆，决非普通意义上的汤圆，那是他亲手研制出的速冻汤圆，那是他借以打开巨大市场需求的"特效灵丹"。作为医界的专家、领导，陈泽民研制的"灵丹"未能包治百病，却大大见效于市场。小汤圆在他手中"速冻"成力抗千斤的小"秤砣"。速冻汤圆很快行销全国，接着速冻水饺等一系列速冻食品纷纷上市，风靡市场，甚至出现在攻打伊拉克的美军食谱上。如今，速冻食品的国内市场销售额已高达上百亿元。

年满半百起步创业，陈泽民以小搏大奋斗13年后，终于成为世界公认的中国速冻食品创始人。当年，他假若没有从大处着眼，看到小汤圆的大前途，怎敢辞去副院长职务毅然下海？假若他好高骛远，不甘心从小小的汤圆一步步做起，又怎能实现三全公司年销售额近20亿元的大业？回顾创业之路，陈泽民认为，一个人创业的目标可以很远大，但都要从小处一点一点做起。

陈泽民研制出的速冻食品，在满足顾客消费需求，提高消费者生活质量的同时，更为社会创造了致富门路和就业机会！陈泽民让我们体悟到创业者"烹小鲜以成大业"的哲理。

资料链接

山德士凭小配方成就肯德基

美国有个传奇的创业者，他5岁丧父，14岁辍学开始流浪，66岁时拿着几百美元的社会福利金，开着一辆破

汽车，向餐厅出售他研制的一种炸鸡配方，88岁时才获得成功。这个人就是肯德基的创始人山德士上校。

（据世界能源金融网2008年9月18日转载）

■ 小本创业 大众可为

万事开头难，创业更是难在开头。然而，当你真正踏上创业之旅，你会发觉，创业其实并不那么难。投入不多的成本，也是可以让自己的创业之梦放飞的。

看看曾几何时的"天之骄子"大学毕业生，如今面临就业难；看看金融风暴下中国两千万返乡农民，如今面临打工难；看看一波波裁员浪潮拍击下的职场白领，如今面临竞争上岗难，就会知道个人创业其实也是一种选择。与其打工或重新上岗，还不如尝试着自己创业，成就自己的创业理想。

单纯满足于打工做"职业人"不是现代人应长期持有的理念，自己当老板做事业应是每一个人的理想。其实，无论是高学历还是老资历，一辈子打工还真不安全。一位女硕士毕业生投递60余份求职简历却得不到职场回应。更恼火的是，"大龄"、"高龄"的专业人士还随时有下岗"再就业"的危险!
而且,当老板也并不是某些人的专利,每个人都可以当老板。
投入一元钱就可以成立一个公司。只要有一颗创业的雄心,投
入很少就可以过过当老板的瘾,何乐而不为呢?

资料链接

华尔街银行家街头挂牌找工作

据报道,现年48岁的约苏亚·珀斯基本来是美国纽约华尔街的一名投资银行家,他毕业于美国著名的麻省理工学院,在华尔街一家金融公司从事投资顾问的工作。然而美国次级房贷风暴发生以来,全球金融业已有8万多人遭遇裁员,珀斯基也未能幸免,他在去年12月就合同到期失业了。在过去的6个月中,他始终没能找到一份工作。为了尽快找一份工作养家糊口,心灰意冷的珀斯基日前竟然"放弃尊严",脖子上挂着一块推销自己的牌子走上纽约街头,希望能通过这种"毛遂自荐"的方式找碗饭吃。

据悉,珀斯基并不是第一个上街挂牌找工作的美国金

融业"失业金领"，2002年，拥有工商管理硕士学位和10年银行业工作经验的纽约女子纳丁·奥罗莎在失业之后，就曾走上曼哈顿街头，将自己的工作履历塞进陌生人手中。

（据《现代快报》2008.7.6）

市场经济"从来就没有什么救世主"，"要创造人类的幸福，全靠我们自己"。历史已经证明，只能等待国家和社会统配来改善生活待遇的计划经济，远远满足不了群众对幸福生活的追求。改革开放，把命运交回给人民群众自己掌握，为每个人和每个家庭打开了靠创业赢得财富和幸福的通道。创业通道在前，就等着你勇敢地迈出第一步。

任何人都可以创业。要把事情真正"做起来"！小本甚至无本，同样可以创业。小本创业，其实最适合普通大众，因为它将大大降低起步的难度和风险。聪明的创业者也总是在条件极其有限的前提下，想方设法把事业从"小打小闹"做将起来的！

资料链接

土家打工靓女回乡办厂

一年前的沿海打工妹，节日返乡创业当老板，为50位返乡农民工提供就业岗位和稳定可观的收入，当年净

　　赚20万元，这就是湘西土家族苗族自治州龙山县25岁土家靓女唐林创造的奇迹。

　　2009年春节来临，唐林创办的土家绣花鞋垫厂生意红火，订单不断。她们要在正月初五前，赶制完成年前订下的5万双土家绣花鞋垫的外地订单。

　　5年前，唐林开始在浙江、广州沿海等地的服装厂打工，很快掌握了一套过硬的技术和管理经验。一个偶然的机会，唐林发现母亲手工做的土家绣花鞋垫深受工友喜欢，慕名而来的求购者络绎不绝。于是，她萌发了返乡创业的念头，正好赶上龙山县一系列帮助返乡农民工创业新政策出台的大好时机。

　　唐林返乡后，当地政府帮助她解决了启动资金和销路两大难题。2008年2月，唐林的土家绣花鞋垫厂开工了，成品销往贵州、四川、江苏各地，一个月可卖10多万双，当年就销售了100多万双。一年下来，净收入达20

多万元，相当于过去10年打工的收入。同时，还为50位返乡农民工提供了就业岗位和稳定可观的收入。

春节来临之际，唐林望着大把的外地订单，感慨地说：去年我还在外面打工，过年时，老板发个红包，心里高兴得不得了；而今年，我给别人发红包，看到别人领到我发的红包高高兴兴的样子，真是非常开心。

（据中央电视台《新闻联播》2009.1.28，《湘声报》2009.2.6）

一边是土家打工妹当老板非常开心，一边是华尔街银行家失业万分沮丧，他们之间存在巨大的身份落差，但最大的反差却是心态上的迥异。事实证明，财富和幸福从来就只青睐脚踏实地的创业者，哪怕从一粒汤圆干起，从一双鞋垫干起，从手头能寄予你梦想的任何小事干起，只要迈出创业的第一步，你那被无常戏弄于股掌之上的命运，就已经交由自己掌控。

陈泽民，山德士，唐林；速冻汤圆，炸鸡配方，绣花鞋垫。不同的身份年龄和人生阅历，相同的志向智慧和小本起步，揭示出一个发家秘诀：小本创业，大众可为；小本创业，大有可为。

■ 能大则大　宜小则小

大鱼吃小鱼的现象，让人产生大比小好，大比小安全，大比小更有前途的印象。对于创业者而言，把大小如此绝对化，可是个危险的陷阱！

实际上，动物世界既存在弱肉强食的食物链，也存在强弱共生的另一面。动物世界动态的生态平衡，正是由这两大生物现象构成。凶猛的疣猪，任凭弱小的食蜱鸟在背上觅食藏在它厚皮褶纹中的寄生蜱。残忍的鳄鱼和兽王老虎，都乖乖地张大嘴巴，让燕千鸟和小虎雀飞进飞出，啄食牙齿隙缝里的残渣肉屑。动物世界还存在着与蚂蚁共生的蚜虫，与毒海葵相伴的小丑鱼……

小不一定怕大，大还真离不开小——企业界和动物界一样，都遵守着如此奇妙的"自然法规"。微型企业或个体商户（微生物）、中小企业（常规生物）和大型公司（大猛兽），正是处于既互相竞争又互相依存的经济经营生态系统之中。现实中，就出现了与狼共舞的"利基公司"。利基（Niche），指为特定消费者/群提供特定产品的（细分）市场。愈来愈多的产品市场被许多小公司占有，它们就是靠充分开发利用"利基市场"来瓜分大公司的目标市场。世界著名营销学大师菲利浦·科特勒指出："随着市场的零碎化和消费者意志的强大，未来属于利基品牌。"一些中小企业在专业化、社会化分工中，凭借着精、细、专、深的经营之道，创出了高质量、有市场、有销路的产品，从而确立起大企业不可替代、不可动摇的地位。

名人名言

民营企业应该怎么走？他们可能听不进去，但我相信是一步一个脚印。把你的专业做好了，循序渐进，你千万不要以为你可以做大，要做到李嘉诚这么大。你把现在的小摊子做好，做到最强，就已经很好了。我情愿中国有1000家强的、小的企业，不希望中国有10家大的、弱的企业。

—— 香港著名经济学家 郎咸平

创业者或企业家究竟"做大"还是"做小"好？这个问题就像问"老虎和麻雀究竟谁活得更惬意"一样，确实很难回答。能大则大，宜小则小，须从实际出发，关键要看什么适合你。大、中、小企业都有各自的生存空间。首先，小批量、多规格、多型号产品的生产，就不能由大企业承担；其次，现代社会，随着生活水平的提高，人们的需求越来越多样化和追求个性化，包括对商品和对服务，或者即使大部分的人有同样的需求，但也总会有少部分的人群有他类的需求。因此，在第一种情况下，大企业难以生存，而第二种情况下，可以由大企业占领市场，但也有中小企业的立足空间。所以，在市场经济中，大企业与中小企业并不完全就是一种果与因的关系，也并不是一种此消彼长的关系，在一定的市场环境中二者的共生与互补才是效率的体现。也就是说，不是所有的中小企业都适合做大，并非所有的企业都能做大。如果盲目追求做大，四面出击，很可能会把自己好不容易积累起来的财富弄丢。

即便是那些由大企业主导的产业中，在资源配置上也会留出一些缝隙，这也正为中小企业提供了发展空间。实践告诉我们，大与小说到底还是要遵循市场的选择。

资料链接

日本八佰伴公司因扩张破产

日本八佰伴公司开始迈出跨国扩张的步伐之后，自1996年11月起，经营状况开始急剧恶化，1997年9月18日不得不宣布破产，以求实现重组。

八佰伴公司在日本发达以后，把利润以及通过发行债券所得资金，大量投向海外市场。和田一夫董事长、和田光正总经理曾设想在中国建立1060个超级市场和100家商品批发中心。后来，光正总经理在接受记者采访时也承认：公司破产的原因是先行投资过多。

一味盲目想着"做大"固然不好，一味固步自封，安于"做小"也非万全之策。"傻子瓜子"并不傻，傻就傻在年广久错失了发展壮大"傻子瓜子"的大好机遇！

当"洽洽"和"磕得响"身着现代包装，在大超市、小商铺热火朝天地争夺炒货市场份额时，成就了徽派炒货这个大行业中的小产品——"傻子瓜子"，却在货架上难觅身影。

年广久做什么去了？据报道，在炒货后起之秀纷纷实现现代企业集约化经营的时候，年广久却迷失在与儿子之间进行的傻子商标争夺战中，固守着"作坊式"生产模式无心进取，甚至在根据地芜湖都没有属于自己的加工厂，在郑州的两家炒货厂据说也只有二三十人的规模，连年广久自己专营店卖的瓜子，都要靠徒弟们的炒货厂供货。

当机遇来临，时机成熟，有准备有魄力的创业者，是决不会坐失良机的。强大、强大，先强后大，通过做强最终一步一步做大，这是创业者发家的又一个秘诀。一个叫王填的企业家，就把这个秘诀公开亮明在他的大型连锁超市"步步高"的名称上。他通过"农村包围城市"的策略，一步一个脚印地让自己创办的超市稳步扩张，如今"步步高"在湖南、江西几十个地州市拥有103家门店，是我国中南地区首屈一指的区域零售商，2007年销售额达65亿元，为38000人解决了就业问题，向国家缴税超过2亿元。2008年，他又成功地让"步步高"在深圳交易所挂牌上市。

资料链接

超市"游击队"实现"步步高"

"一个企业的伟大梦想从现在开始。"2008年6月19

日上午9点，深圳市深南中路5405号深交所三楼，在步步高商业连锁有限公司（步步高，002251.SZ）的挂牌仪式上，步步高董事长王填说了一句让自己激动不已的话。

今年40岁的王填，毕业后就投身流通领域。13年前，王填与妻子张海霞白手起家创建步步高，从湖南二线城市湘潭起步，以"农村包围城市"的策略，在二三线城市密布商业网点，并发展成为区域超市连锁龙头。多年来，他把沃尔玛创始人沃尔顿的自传《富甲美国》当作比对自身发展的《圣经》：有段时期，每年大年初一，他都会翻出这本书，对照步步高发展中所遇到的经营问题，寻找解决方案和经营灵感。

"步步高13年的发展，与二三线区域城镇化进程相契合。在沿海地区，城镇化机会已经很少，但在中西部，这个进程刚刚开始。"在王填看来，湖南长株潭"两型社会"（资源节约型和环境友好型）试点，让步步高能像沃尔玛早期一样，圈一块地，盖一个房子。

（据《中国经营报》2008.6.30）

积土成山，不弃微尘之小；汇流成海，能容滴水之轻。成功的创业者，用他们海一样的胸襟和山一样的实绩，向世界诠释着中国古代圣贤大小转化的辩证哲理。需要"步步高"这样的中国企业注意的是，把握好扩张的节奏和投资决策的力度，至关重要。

3.2 独辟蹊径，打造特色

　　"山不在高，有仙则名；水不在深，有龙则灵。"对创业者而言，这里的"仙"和"龙"，就是独创，就是特色。只要坚持独辟蹊径，打造特色，哪怕开创之初你的山再小，水再浅，也终将能把你的"陋室"建成巍峨大厦。

　　做到"小而特"，方可"小而强"。一旦"小而强"，不愁"小变大"。小而特，小而强，小变大——仰望创业明星装点的璀璨星空，他们成功实现理想跨越时，都曾留下这样的运行轨迹。陈泽民独辟食品速冻蹊径，山德士怀揣独有的炸鸡配方，唐林富有民族特色的绣花鞋垫……创业方略就隐藏在这独创、这特色之中。

　　让计算机这个"旧时王谢堂前燕，飞入寻常百姓家"的比尔·盖茨，还在读四年级的时候，就感悟到了"特色"的真谛，他对同学卡尔·爱德说过下面这句迄今让人回味无穷的话。"与其做一棵草坪里的小草，还不如成为一株耸立于秃丘上的橡树，因为小草千株一律，毫无个性。"

■人无我有 人有我强

俗话说 "隔行如隔山"。"不熟不做" 是具有丰富行业经验的人和缺乏综合优势的人都应坚守的基本原则。成为行家本来就很不容易，普通创业者一般只有多年做 "职业人" 积累的 "人力资本"，很少有其它优越的创业条件。如果舍弃自己擅长的事情，到陌生领域去与行家竞争，那就无异于班门弄斧，想要成功难上加难。

资料链接

医学教授被螃蟹打败

医学教授竟然养螃蟹，说起来你也许不相信，但这却是吴祥法的真实创业故事。

1994年，吴祥法从南京一家医院退休了。当时，他两个儿子正在上大学，老伴也下岗了，吴老家的生活一下子变得拮据起来。没办法，要赚钱必须放下教授的 "架子"。1996年，吴老在一位朋友的引见下，租了600亩苏北的白马湖水面养螃蟹。医学教授养螃蟹，成了当地一大新闻。吴老也顾不得什么面子，一心一意研究起螃蟹来。冬天，他跳进刺骨的冷水里挖淤泥，筑堤坝；夏天，他忍受着当地凶猛的蚊虫，守护着他的螃蟹。老天爷并没有青睐这位能吃苦的人，由于缺乏养殖经验，吴老的养蟹场一亏再亏，到了1998年，借来的十几万元全打了水漂，吴老欲哭无泪。

辛辛苦苦两年不仅没赚到钱，还欠了一屁股债。惨痛的失败使吴老意识到，要创业，必须捡自己熟悉的行业。2002年，经过几年休整后，吴老决定东山再起，重操旧业。吴老和两个医学专家每人凑了5000元，在建宁路上开设了一家综合门诊部。吴老说，开医院最难的是营业执照。为此，他与朋友一起跑了几个月才办下来。经过一年多的运转，如今，吴老的门诊部设施基本配齐。毕竟是退休教授，由于疗效好，小小门诊部竟然吸引了来自湖南、湖北、浙江等地的病人。

（据《扬子晚报》2003.12.24）

澳大利亚著名管理咨询专家詹姆斯·莱伯特指出："发挥自己的优势，避免那些你不可能轻易成功的项目。"不轻易浪费多年积累，不随便踏入一个陌生空间，专注于做好自己的事情。要相信，三百六十行，行行都有创业机会和发展空间，关键就在于能否充分发挥自己的优势和特长，善于别出心裁，做到人无我有，人有我强。美国甲骨文公司创始人埃利森也强调："如果无法与众不同，你就无法制胜。"

日本大阪有家西式餐厅生意清淡得难以为继，但老板并没有放弃本行，见"利"思迁。一句"刀叉难洗，要是顾客能用筷子用餐多好"的员工抱怨，猛然触发了他的奇想：筷子不仅比刀叉洗起来省事，而且用筷子又符合东方人的习惯，于是他大胆挂出"用筷子吃西餐"的招牌，果然门庭若市，连一些好奇的西方人也被这标新立异的就餐方式吸引了过来。

不要以为，筷子吃西餐是个特例，其实这样出奇制胜的办法，只要肯多动脑筋，人人都有可能想出来，特别在你熟悉的领域。人人都熟悉的布娃娃，应该算不上很有技术含量的玩具，但为了与众不同，厂商可真是费尽心机：又是能眨眼，又是会说话，又是能跳舞，又是可换装，可谓花样百出、层出不穷。前不久，还通过媒体广告轰轰烈烈上演了芭比娃娃50周岁生日大庆。如此一而再、再而三，在玩具布娃娃身上，该不会再有什么新花样可玩了吧？有个叫罗勃士的美国小伙子却不这么想，他偏要继续出奇制胜。他的布娃娃并不漂亮，也很普通，一经推出，竟惊动大批警察赶往华盛顿所有的百货商店帮忙维持秩序，生怕蜂拥抢购的顾客闹出什么事来。

罗勃士的妙招说来仅三个字：人性化。他用电脑给长相略有不同的"椰菜田孩子"取了各自不同的名字，还附上"出生证"和"领养书"。购买布娃娃从此变成办理领养手续，"死"玩具由此变成生活中的"真人"，这能不叫喜欢布娃娃的美国孩子为此疯狂吗？

开动脑筋拿出你不同凡响的创业方略吧，下一个罗勃士没准就是你！

鞋业奇迹：剑走偏锋，绝处逢生

王建平，哈杉鞋业有限公司董事长、美国浙江联合总会常务副主席、温州市政协委员。29岁时，他弃学创办温州恒丰皮鞋厂，最终让他的皮鞋走出了国门。

王建平转战非洲，是为了跳出国内鞋业市场的恶性竞争，"那里大家都不愿意去。所以，我愿意去"。王建平说的"那里"，是大多数人光脚板走路不穿鞋的尼日利亚。上那儿做鞋，岂不是润发油摆到寺庙里——谁买？对此，王建平却眼光独到，从绝处看到生机：不是当地人不穿鞋，而是当地卖的鞋多是价格高昂的欧洲货，大多数人买不起。由此，他不仅发现了一个潜在的大市场，而且确定了产品价位的目标人群。

走进非洲后，哈杉鞋凭借物美价廉的优势很快就受到了当地人的喜爱，并成为西非家喻户晓的第一男鞋品牌。

但天有不测风云，2004年1月，尼日利亚政府为保护民族工业，宣布禁止进口包括哈杉男鞋在内的31种中国商品。尼日利亚有1.4亿人口，撤出就等于拱手让出了自己苦心经营了几年的大市场；而尼日利亚的投资环境较差，风险非常大。

在去留之间，王建平做出了一个艰难的选择：在尼日利亚投资设厂。这是一次尝试，也是一次冒险。建厂的艰辛超出了王建平的想象，甚至连制鞋的胶水都要从国内运输过去。

但是在当地设工厂，招聘当地工人，赢得了尼日利亚地方政府的欢迎，所有的困难最终解决。哈杉大获全胜。

根据王建平的意向，到2007年，哈杉累计在尼日利亚的投资将达1300多万美元，成为拥有40000平方米厂房、10—12条成型流水线、10—12条针车流水线，年产皮鞋600万双的非洲最大制鞋企业。

2004年8月，哈杉正式收购意大利威尔逊制鞋公司90%的股权，拥有了Wilson这一国际品牌。王建平又把目光盯住了欧美市场。

（据《温州晚报》2007.11.17）

■ 业有专攻　险在多元

把鸡蛋放在多个篮子里，以规避一个篮子倾覆所有鸡蛋打破的风险，这在创业活动中叫做多元投资。不把所有鸡蛋放在一个篮子里的这句话，听似明智，其实对于创业而言，就书呆子气十足。有两位农妇提着鸡蛋坐车去城里出售，一位把鸡蛋放在一个篮子里然后紧紧抱在手里，一位把鸡蛋放入多个篮子而无法全部抱住，哪位农妇的鸡蛋更安全呢？书呆子不明白，投资创业，就是提着鸡蛋上路，而创业没有平坦的道路可走，它比农妇提蛋坐车进城要颠簸遥远得多，甚至说不定还要经历过山车般惊险的金融风暴或经济危机，一路上要看住多个篮子里的鸡蛋不打破，除非你有勇夺杂技大赛金牌的实力。打算多元投资的创业者，你练得出这样炉火纯青的杂技功夫吗？

名人名言

人们常说的"不要把你所有的鸡蛋放在一个篮子里"这话完全不对。我要告诉你们的是，要把你所有的鸡蛋放在一个篮子里，而且要紧紧地盯住这个篮子。

——美国钢铁大王、社会慈善家安德鲁·卡内基

中外企业界的实践证明，对于较大型的公司而言，多元化的祸害最大。希望集团董事长刘永行对企业经营有如下精辟的论述：中国的企业成功在于"简单"，失败在于"复杂"。"简单"在于资源集中，主业突出；"复杂"在于投资分散，主业不突出。

著名经济学家钟朋荣在《警惕：战略失误》一文中写道：中国的市场很大。在中国这样一个人口众多的大市场里办企业，更应当选择专业化战略。面对这样的市场，哪怕是生产一个螺丝钉，只要市场份额占到一定程度，照样可以发大财。因此，与其在一个陌生的、自己没有把握的行业中去冒风险，不如把自己已经很熟悉的领域做透；与其四面出击搞多元化，不如把自己最具优势的产业做大，提高市场占有率。

除了怕鸡蛋放在一个篮子里不安全的求稳考虑之外，企业家和创业者之所以常有"多元化"这样的冲动，其主要原因就是"这山望着那山高"，八面埋伏，四处出击，东敲一榔头，西打一棒子，不是功亏一篑，就是浅尝辄止，企业的经营完全变成了"消耗战"，企业也就在这种消耗战中渐渐地消灭了自己。

盯住一个篮子里的鸡蛋，才能专注，才能业有专攻，才能集中优势兵力打歼灭仗，将企图侵犯自己经营地盘，进而颠覆自己的危险和将来敌拒之门外。所以有学者说，"最简单的策略也许是最好的，换句话说，只有专注才能生存。"

真想奉劝那些好大喜功、痴迷多元投资的创业者和企业家，在打算把鸡蛋放进多个篮子之前，回归一颗童心，好好温习一下小猫钓鱼的故事，不要再犯三心二意那样幼稚的错误。

不知"地产大王"深圳万科是不是也有这样一番回归童心的反思，在1991年企业多元化高烧未退时，万科掌门人王石"世人皆醉君独醒"，做出了收缩战线的决定。

从1984年到1991年，经过7年打拼，王石把万科做成了国内最大的房地产公司。有报道说，到1991年底，万科的业务已包括进出口、零售、房地产、投资、饮料、影视、广告、印刷、机械加工、电气工程及其它等13大类，营业额和利润分别达到3.5亿元和0.3亿元。面对着日益庞杂的"万科系"，年轻的王石一度认为，自己无所不能。这种对于多元化的"狂躁"是万科当时生存状态的真实反映。

从万科上市后的1991年开始，蒸馏水公司、零售公司、电影公司、广告公司、商业礼品公司，相继被王石卖出。从1994年起，万科又分期转让了所持有的30多家企业的股份。1996年万科挥师深圳后的几个大动作之一是，卖掉了所属的几家与房地产主业毫无关联的企业。与别人卖企业不同的是，万科的几家企业都是在盈利状态下被卖掉的。

报道说，1995年末，万科开始将业务缩小到京、津、沪、深四个城市的住宅地产业务。1997年万科协议转让出去的扬声器厂，其生产的电话机喇叭占国内市场份额的40%，之后是"怡宝蒸馏水"。最终，当万佳百货72%的股份被卖给华润总公司后，万科完完全全成为了专一的地产公司。

万科将其它产业"关停并转"的时间原定5年，后来花了9年，到2001年才彻底完成。显然，修正错误比创建大业更难、更费时。

远大：专注致远，以特求大

张跃，远大集团董事长。远大集团是张跃实现梦想的一个平台,这个到2007年已经连续8年纳税过亿元,员工1800名的集团迄今为止没有贷款。从研发几台取暖锅炉到经营全球最大的直燃式中央空调，2002年登上福布斯富豪榜。在直燃式中央空调这一领域，远大共拥有50余项专利技术，其中部分专利已在30多个国家注册。通过27项世界权威认证。

张跃笃信，热衷于资本经营和多元化，是民企发展的两大误区。因此，民营企业要在一个清醒状态确定自己的总体战略、找好自己的定位，一旦找准了就不要轻易转变。他坚信"积累就会成功"，这种积累包括技术经验、管理经验的积累，当然也包括资产的积累。这个过程可能会持续一代甚至几代人，国外的著名企业大多是经过时间的磨砺和积累成长起来的。在燃气空调这样一个狭窄的领域，资本需要一段时间的积累。

张跃认为，多元化是民营企业发展过程的一大陷阱。民营企业家的精力和智慧是民营企业最大的财富，如果一个企业家总在掂量自己所在行业的风险或者未来，不能全身心的投入，就难以集中精力将自己的事情做好。实施多元化，你可以规避一个方面的风险，同时，也可能面临更多的风险。这也是远大公司坚守自己主业的重要原因。

（据《新京报》2008.1.16，《中国经营报》2002.5.1）

世界企业十强中，只有GE是多元化经营成功的企业，其它的如微软、石油公司和制药企业等都专注于自己的经营主业。中国一些优秀企业一贯地坚守自己的主业，稳稳地占据着竞争的优势。长沙远大就是值得称道的典范。

■ 隐形冠军 独占山头

山中无老虎，猴子称霸王。并非所有的领域，都存在像老虎那样难以匹敌的大企业。找到没有老虎的细分市场，创业者就得到了"占山为王"的机会。

在国内许多行业，避免与"老虎"正面冲突的"山寨大王"正不断涌现。他们通过长期努力，咬定青山不放松，培育起自己的专业特长，建立起独特的优势，在细分产业领

域和细分市场上占据着难以撼动的优势地位。当然，聪明的
"隐形冠军"并不会打出"齐天大圣"的旗号来招摇。这类
企业，被德国管理学教授赫尔曼·西蒙称为"隐形冠军"。
赫尔曼·西蒙认为，隐形冠军是那些拥有相对市场地位的中
小企业，它们的产品甚至不为人们所熟知，但在其细分市场
却拥有很高的市场份额。

名人名言

你有本事找到一个市场，既能做到相
对比较大，而又竞争最小，这是做隐形冠军
成功的一个办法。所以，隐形冠军在战略上
首先必须要找到这么一个市场。然后，别人
"打"你也就没那么容易，或者不专注或者没有"杀"进来。

——西蒙–库彻–帕特纳战略与市场咨询公司董事长 赫
尔曼·西蒙

"隐形冠军"的出现，引起国内众多企业家和创业者的
关注和向往。首届国际隐形冠军企业高峰论坛，应运在2005
年5月召开。会上，中国民营经济研究会会长、原全国工商
联副主席保育钧呼吁，中国的中小企业，甚至所有的民营企
业，不要把企业的发展目标都盯着全球企业"500强"，应
学习"隐形冠军"企业。他指出，"隐形冠军"作为某一行
业细分市场的领头羊，尽管不像一些品牌企业那么为大众所

熟悉，但有独特的竞争优势和其自身的核心竞争力；而全球"500强"只是少数企业经过努力才能达到的，绝大多数企业都很难做到。

适合"隐形冠军公司"施展的行业有很多。隐形冠军公司几乎在各行各业都有。在抽样调查中，这种现象最为突出的是机械工程和机器制造，约占37%。接下来的行业是一些杂七杂八的行业，包括社会服务业、化工工业、印刷工业、造纸业、食品工业、纺织工业等，而且恰恰是这类行业更适合这些隐形冠军公司施展才能。

要做就做到最好，这是持续成功的必要条件。专注一行，精心做好，才可能抢占你那个山头的制高点。

1998年，时任国务院副总理的朱镕基在接见全国轻工业职工代表大会代表时说，"我们生产的指甲钳，剪两天就剪不动了"。这句话促成了中国"指甲钳大王"的诞生。

广东中山圣雅伦公司总裁梁伯强，从这句话里发现了指甲钳"山头无老虎"，就在那一年下决心要让中国指甲钳在质量上来个大翻身。

梁伯强经过考察，认定国际上最好的指甲钳产自韩国。他把一些倒闭企业的工程师招至旗下，并开始一趟趟地飞向韩国，以买家的身份"偷师学艺"。为了让员工明白"最好"的意义，他曾当众销毁几百万把质量有瑕疵的指甲钳。

2000年，圣雅伦牌指甲钳被中国五金制品协会授予"中国指甲钳行业第一品牌"。2003年，产品销售额达到1.6亿元，2004年达2亿元，在中国指甲钳行业排名第一，世界排名第三。梁伯强也成为中国名副其实的"指甲钳大王"。大型企业"食之如鸡肋"的指甲钳行业，给梁伯强留下了成就其大业的空当，圣雅伦当之无愧地成为行业细分领域里的"隐形冠军"企业。

"隐形冠军"企业，还可以区分为地区市场上的，国内单一市场内的，直至世界级的，比如长沙三一集团属下的三一重工就是典型地创造了世界新纪录的"隐形冠军"公司。

在三一重工创业初期，三一拖泵国内48%的市场占有率，表明三一重工是国内当之无愧的"隐形冠军"企业。现在，三一重工已经成功由"隐形"转为"显形"，在保持将三一拖泵做专做精的同时，还在相关的重工业机械行业做出了颇为引人注目的成绩。

2009年1月，三一重工逆市而上，在金融危机席卷全球的大气候中，与德国北威州政府签订投资1亿欧元建设研发中心及机械制造基地的协议。这是迄今为止中国在欧洲最大的一笔投资项目。

该项目将覆盖整个欧洲市场。由于公司产品的主要零部件主要从欧洲采购，公司在欧洲建立制造基地并在当地销售，可以节省高昂的往返运输费，从而进一步利用了国际化的先进资源配置，有利于扩大三一重工的欧洲市场份额。

泵送492米　三一重工浇注世界新高

当日下午，在上海环球中心施工现场，三一重工的超高压泵送技术再次扬威，在这座国内混凝土结构第一高楼的最后一次浇注中，将混凝土一次泵送至492米高空，刷新了自己五年前在香港国际金融中心创下的单泵垂直泵送406米的世界纪录。来自日本等国的专家和中国专家一起现场观摩了"三一重工"拖泵刷新纪录的全过程，再次见证"中国泵王"的风采。

位于上海陆家嘴金融贸易区的上海环球金融中心被称为目前我国第一高楼，其中混凝土泵送高度为492米，整体高度将超过500米，成为当前已封顶的世界高层建筑的新高，超过了屋顶高度世界第一、总高度达480米的中国台北101大厦。大楼在建筑过程中，三一重工超高压拖泵以40个小时不间断浇筑主楼底板3万余立方米的泵送能力，保证了施工的高效率，并且在主楼封顶时，单泵将混凝土垂直泵送至492米。除拖泵外，三一还有8台泵车参与了该工程的基础浇注，顺利完成了每日连续浇注几万立方米混凝土的任务。

凭借无可比拟的泵送高度，三一超高压拖泵先后在阿联酋迪拜塔、俄罗斯联邦大厦、上海百联世贸大厦、九龙站二期工程和苏通大桥等国内外标志性建筑工程中大显身手。目前，三一重工的混凝土输送泵已占据了国内市场半壁江山。三一的泵车以其故障率低，高效稳定，被誉为"中国泵王"。2006年，三一拖泵通过德国莱茵公司的CE认证，成为国内首家通过第三方CE认证的企业，成功打开欧盟市场的大门。

（据《湖南日报》2007.12.10）

有所为有所不为，专业经营，做专做精，从而获得可持续发展。当你有朝一日真能独辟蹊径，打造出特色，你会发现成功的大门已在面前豁然开启。

3.3 慎对成败，百折不挠

　　"这世界没有失败，只有暂时停止成功，因为过去并不等于未来。"说出这句格言的是当今最具影响力的激励演讲家安东尼·罗宾。在安东尼·罗宾看来，真正成功的人是那些能够面对人生挑战，不断在逆境中求胜的人。而那些承认人生失利而画地为牢的人乃是真正的失败者。我们应该客观地去看待"成功"和"失败"。"成功"和"失败"是可以互相转化的，我们只有经历过"失败"才能体会"成功"是何等的珍贵；也只有在"成功"后才会知道"失败"的意义。因为"成功"的背后是用"失败"砌成的台阶，如果没有这一层一层的台阶，我们可能永远呆站在原地，无法迈出任何一步。

　　失败是成功之母。"成功"是"失败"永远的灯塔，只有在历经艰难困苦后，找到正确的方向，不懈努力，我们才能接近灯塔，获得光明。"不经历风雨，怎么见彩虹，没有人能随随便便成功"。

　　一个优秀的创业者，往往能够坦然面对成功和失败。因为他们认识到，成功和失败往往是相伴而生的，成功固然可喜，失败也未必可悲，失败是通向新一轮成功的跳板。只有在失败后给自己一个希望，成功才会靠近自己。只有在成功之后加倍努力，坚持不懈，广开言路，吞吐八荒，吸收来自各方面甚至对立面的智慧，完善自己的创业计划或思路，才能走向更大的成功。创业的过程，是一个成功和失败不断转化的过程，也是一个智力不断积累的过程。然后，财富积累的过程才会持续不断。

创业者积累智力，要像那棵比尔·盖茨所向往的"耸立于秃丘上的橡树"——根植腐土，叶展清风。根潜底层深处以汲取营养，叶沐雨露阳光而吐故纳新。

■ 敢于成功 集思广益

法拉第曾说过一句话："拼命去争取成功，但不希望一定会成功，结果往往会成功。"这就是成功的奥秘。在现实生活中，人们做任何事情，总是想得太多，太在乎事情所带来的荣誉、金钱、地位、利益等，太在乎现在和未来的一切，反而不容易成功。倒是一些对成功不抱很大希望的人，反而成功了。

看来，要达到成功，除了努力，也关乎心态。拥有了成功，并不意味着什么都有了，还是需要不断地努力。范仲淹说："不以物喜，不以己悲。"大概就是这个道理。

谦虚使人谨慎，骄傲使人落后。面对成功，有些人自鸣得意，忘乎所以，自我膨胀，自己都不认得自己了，结果从骄傲的云端重重摔在地下，跌得再也爬不起来。而有的人头脑异常清醒，认识到暂时的成功"仅仅是万里长征走完了一小步"，有一点成功是团队的功劳，把自己摆在非常谦卑的位置，以更坚定的毅力，更多的汗水，更宽广的胸怀，凝聚大家的智慧和力量，去创造更多的成功和辉煌。

口香糖发明人威廉·瑞格利有言：两个人做事，如果总是见解一致，其中一个人就是多余的。实际情况中，决策人却总是视"多余"为知己，嫌少不怕多，往往予以重用；而将见解不同的人视为异己，或小心防范，或排挤打压。

名人名言

在没出现不同意见之前，不做出任何决策。

——美国通用汽车公司总裁 艾尔弗雷德·斯隆

成功的决策人大都心胸开阔，乐于纳新纳谏，很少指手画脚，也从不将自己的意志强加给团队，因为他自始至终明白，过于强势和偏执会扼杀团队的创造力。他们常常像那些超一流的电影导演一样，乐意并且非常有效地捕捉到其它人的高见，拍出真正精彩的大片。他们很善于倾听，像梁启超观史那样，善于"同中观异，异中观同"。抵触反对的意见、千篇一律的汇报、偏激片面的言辞……他们都耐心地倾听。

　　不要在企业里造成一种媚上欺下的文化氛围，以至于形成老板让做什么，没有人敢提出异议。如果你不能给所有员工提供发表建设性意见的机制和机会，就等于浪费了企业最宝贵的智力资源。要允许人们直言不讳地指出存在的问题，指出决策的"愚蠢"之处，并且这样做能得到宽容甚至提升、奖励，那么，这个创业团队就建立了一个自由开放的文化环境，这对于优秀的人才将具有极大的吸引力。人们乐于置身这样一个环境发挥才干。

　　亨利·恺撒抓住二战期间船只紧缺的商机，一举成为世界上最成功的造船家。他准备投资造船业时，周围是一片反对之声，大家全认为当时要投资造船完全不可能。亨利·恺撒不仅不回避反驳这些反对者，反而召集他们开了个"不可能会议"，专门倾听这些反对者的理由。"没有钢材"、"没有船坞"、"没有技术人才"、"没有资金"……要创业造船，亨利简直就是一无所有，但听到这一个个反对的理由，亨利却如获至宝。他接着一项一项地去寻求解决这些障碍的办法，等到"万事俱备"，他便有充足的理由说服银行家贷款给他了，终于从银行得到贷款，借来创业造船的"东风"。

　　明智的创业者和成熟的企业，应该建立一套制订方略、形成重大决策的机制，以便充分调研、论证、论战，使再尖锐的观点都有机会畅所欲言。这种动态的集思广益，比起静态的收集点子建议，更能调动大家的聪明才智，激发智慧的火花。这种方法被人们称为"智力激励法"。

资料链接

四种世界流行的"智力激励法"

世界上许多智囊机构和各国创造学家提出了多种"智力激励法"，目前比较流行的有四种：

奥斯本法：由美国创造学家奥斯本提出，一般是采取举行会议的方式。参加者不超过10人，时间在20分钟至1小时。每次会议都有明确的目的，规定与会者任意自由思考，提出设想，不干扰，不批评，平等相待。所有设想不分好坏一律记录，不作任何判断性结论。这样，每个人都可充分利用别人的设想激发自己的灵感，通常每次会议可产生数十至数百个设想。这种方法不仅可用于创造发明，还可用于经营管理。

默写式法：由西德创造学家根据奥斯本法改良而成。会议由6人参加，每人在5分钟内提出3个设想，故又称"653"法。第一个5分钟，每人在卡片上写3个设想，然后把卡片传给右邻者；第二个5分钟，根据他人的设想再写出3个新设想……如此，半个小时传递6次，可得108个设想。

卡片式法：是日本改良的。开会之前，每人把5个设想填在5张卡片上，开会时，各人宣讲设想并解释。当别人宣读设想时，将自己产生的新设想写在备用卡片上。发言完毕，将所有卡片收集分类，然后进行讨论，从中挑出可供实施的设想。

三菱法：由日本三菱树脂公司改良而成，具体分6步。第1步，提出主题；第2步，用10分钟填写各自设想；第3步，轮流发表设想，主持做记录，有新设想可再填写；第4步，将设想写成正式提案，并详细说明；第5步，相互质询，修订提案；第6步，主持人将提案写在黑板上，供与会人共同讨论，以便获得最佳方案。

（据《南风窗》精华丛书）

■ 容许失败 能者为师

广开言路，就要千方百计让别人畅所欲言，并善于倾听来自各方面的不同声音；吞吐八荒，就要下一番工夫去粗存精、消化吸收、扬弃升华。

日本商界奉《孙子兵法》如圣经，美国西点军校倡导"学雷锋"。为了摆脱眼下的金融危机，西方世界又纷纷向马克思的《资本论》、向社会主义的计划经济求招问计。真是"英雄不问出身"，学习没有禁区。

为了制定的方略尽可能地完善可行，尽可能地顺应时势的变化，创业者一定不要画地为牢、作茧自缚，让自己的创业方略"吊死在一棵树上"。中国的保温杯商人陆永江，1999年去美国参加世界五金博览会，路遇一个美国小孩玩滑板车，触动灵感，当下屈尊求教学着玩。然后，他花190美金买了个滑板车，背回国作样品，三个月后就实现了本地化生产。2000年广交会上，他的滑板车以35美元的价格一炮打响，外商纷纷订货，最忙时一天要生产两万多台，用他的话说，一天净赚一辆汽车。

无所顾忌地拜一切能者为师，诚恳虚心地向地位卑微者求教，这是能够为创业者带来不尽财富的美德。据新华社报道：2009年2月12日，温家宝总理与13位邀请来的基层群众代表围坐在椭圆形桌旁，听取他们对政府工作的意见。这13位代表，有种粮农民、养猪大户、技术工人、失岗返乡农民工、应届大学毕业生、社区民警、乡镇卫生院医生、小学教师、汽车司机等。贵为大国总理，却如此礼贤下士。与总理相比，还有哪位的架子，可以大到放不下的呢？

创业发展，还要容许失败。动不动就"不成功则成仁"，是没有多少人敢与你共事的。

"创意性经济"是现代经济的主要特征，在现代经济的大环境下创业，创意就是走向成功的捷径。喜欢冒险和创新的人往往是优秀而罕见的"异类"。尝试、失败，再尝试、再失败，然后才有可能更出色。这个过程本身就充满了挑战性。创新可以说是吃力不讨好的苦差事，明智的决策人应懂得保护不甘守旧、富有创新精神的员工，不能让这些不可多得的"异类"人才吃亏。正是注重保护和鼓励员工的创新精神，海尔集团内部员工的小发明、小创造才可谓数不胜数，仅公司内以员工命名的小发明和小创造每年就有几十项之多，如"云燕镜子"、"晓玲扳手"、"启明焊枪"、"秀凤冲头"等等，并且这些小发明、小创造已在企业的生产、技术等方面发挥出越来越明显的作用。

闻名全球的德国西门子公司有这样一个口号：员工是企业内的企业家。内企业家具有创业的天赋和能力，如果企业不能创造条件对其在企业内的创业给予支持，他们就可能离开企业自己去创业。这无疑是企业的一个巨大损失。

资料链接

内部创业，大树底下好乘凉

继自主创业之后，内部创业这种新的创业方式开始脱颖而出。所谓内部创业，是指一些有创业意向的企业员工在企业的支持下，承担企业内部某些业务或工作项目，并与企业分享成果的创业模式。在企业内部创业，创业者无需投资却可获得丰富的创业资源，因此，被形象地称为"大树底下好乘凉"。

（据《经理日报》2006.12.20）

鼓励创新，宽容失败，这是美国企业有活力的一个重要原因。不仅企业家对员工宽容，而且社会也对企业家的失败持宽容心。"失败是我们最重要的产品。"美国强生公司总裁如此说。正是"失败"这一特殊产品，让强生公司连续70多年保持销售额年年递增，2005年净收益已达到105亿美元。由员工发明的强生邦迪创可贴，迄今已生产上千亿片。

美国最具创新精神的3M公司在2003年被《商业周刊》评为全球最佳表现50强之一，在2005年被评为全球最具创新精神的20家公司之一，并连续两年入选《财富》杂志"最受赞赏的在华企业"之一。

3M公司有一句创业的至理名言——"为了发现王子，你必须与无数只青蛙接吻。"鼓励创新，要求不仅容忍失败而且从失败中学习。例如，3M公司的发起人之一Francis G.Oakie曾经有一个以砂纸取代剃刀片的想法。当时他确信男人可以用砂纸而不是用锋利的刀片来刮脸。他错了，这一想法也失败了，但他继续提出其它想法，直至开发出一种汽车行业用的防水砂纸，这简直是一次巨大的成功！

资料链接

鼓励创新　允许失败

3M公司鼓励每一个人开发新产品，公司有名的"15％规则"允许每个技术人员至多可用15％的时间来"干私活"，即搞个人感兴趣的工作方案，不管这些方案是否直接有利于公司。当产生一个有希望的构思时，3M公司会组织一个由该构思的开发者以及来自生产、销售、营销和法律部门的志愿者组成的风险小组。该小组培育产品，并保护它免受公司苛刻的调查。小组成员始终和产品呆在一起直到它成功或失败，然后回到各自原先的岗位上。有些风险小组在使一个构思成功之前尝试了3次或4次。每年，3M公司都会把"进步奖"授予那些新产品开发后3年内在美国销售额达200多万美元，或者在全世界销售达400万的风险小组。

提倡员工勇于革新。只要是发明新产品，不会受到上级任何干预。同时，允许有失败，鼓励员工坚持到底。公司宗旨中明确提出：决不可扼杀任何有关新产品的设想。在公司上下努力养成以自主、革新、个人主动性和创造性为核心的价值观。这是因为，3M公司知道为了获得最大的成功，它必须尝试成千上万种新产品构思，把错误和失败当作是创造和革新的正常组成部分。事实上，它的哲学似乎成了"如果你不犯错，你可能不在做任何事情"。但正如后来的事实所表明的，许多"大错误"都成为3M公司最成功的一些产品。3M公司的老职员很爱讲一个化学家的故事——她偶尔把一种新化学混合物溅到网球鞋上，几天之后，她注意到溅有化学混合物的鞋面部分不会变脏，该化学混合物后来成为斯可佳牌(Scotchgard)织物保护剂。

（据《时代周刊》2006.7.27 ）

3M公司的管理哲学就这样诞生了。3M公司的创新原则规定：不要扼杀一个项目，如果一个项目不能在3M的一个部门实施，一个职员就可以将其15%的时间投入到该项目中去以证明该项目可行，对于那些需要种子资金的职员，每年会奖励5万美元的资金。容忍失败，通过鼓励多次的试验和风险承担，新产品成功会有更大的机会。这家公司拥6万种产品，所带来的销售收入超过106亿美元。

专家点评 ZHUANJIA DIANPING

"整顿乾坤手段，指授英雄方略。"创业对任何个人和家庭而言，都是一件改变命运、"整顿乾坤"的大事。命运是野马，方略便是缰绳。不讲究方略的制定，就形同盲人骑瞎马，难免被命运捉弄。方略富于辩证法，规模大与小、专业化与多元化、成功和失败等等，这一对对既对立又统一的命题，告诉人们创业不是无的放矢，而是有规律可以遵循；不是凭空想象，而是智慧和汗水的结晶。方略是无形的，需要人们慢慢思考领略，方能探知其中真味一二。

深度阅读

1. 《草根创业笔记》，中国经济出版社2009年版。
2. 《创业的艺术》，当代中国出版社2007年版。

4

创业智慧
——让人生成为一种境界

　　人才是一个国家发展最重要的资源。当今世界，争夺人才的竞争异常激烈。美国的经济、科技所以发展得快，很重要的一个原因就是它从全世界网罗了大批人才。我们要有政治远见，及早研究对策，真正把培养使用好各类人才作为党和人民事业兴旺发达的大事来看待、来落实。

——江泽民

　　创业有其规律，成败有其缘由。即使是最成功的创业者，也会有马失前蹄甚至跌落深渊的时候。然而，失败并不可怕，可怕的是创业者不善于总结前人的经验，吸取失败的教训，不断增长创业的智慧。

　　对于创业者特别是对于初创者而言，别人的经验和教训能替你省时省力省钱，这种学习非常实惠。有必要巧用"成功锦囊"，借助实用智慧。如果长期吸收古今中外高超的经验和智慧，发现和掌握规律，则会心明眼亮，少走许多弯路。

　　学而不用则废，用时未备则累。智者预谋，先思制胜。《伊索寓言》有句名言："世间有思想的人应当先想到事情的终局，随后着手去做。"

4.1 谋定后动，未雨绸缪方从容

创业的艰辛和易于失败往往让许多人望而却步，也有许多人浅尝辄止，还有人几经商海沉浮，最终还是被无情的风浪掀翻。

创业不是游戏，单凭激情和胆量当然是很不够的。创业是艰难的，是有一定风险的，对此要有充分的心理准备。创业往往需要多次尝试、摸索才能真正成功。

对于勇立潮头的创业者而言，即令有高超的创意助你起步，也仍然不可缺少一个审慎周密的筹谋过程，匆忙行事，胜算不会太大。只有未雨绸缪，从容投入，既能深谋远虑，又不优柔寡断，才会遇事不慌，逢凶化吉，提高创业的成功率。

■ 早做准备 蓄势待发

具有创业的强烈愿望是成为创业者的先决条件。创业需要一些条件，比如，一个好创意、专业技能、相关工作经历、创业知识与技巧、足够的启动资金等。虽然说，强烈的愿望是创业的强大动力，但不是每一个想创业的人都会成为创业者。美国国际管理集团创始人马克·H.麦考马克曾经指出："假如每一个曾经有过要自己办企业的想法的人都真正要辞职去创业的话，那么很快整个国家的人都会变成自己雇用自己的状态了。但是，大多数人也只是止步于创业幻想而已，并不能付出真正的努力去把这个理想变成现实。"真正从事创业的少，则成功概率相对变大，岂不是好事？

可见，仅有强烈愿望是很不够的，也不能想做就做，不能头脑发热，盲目开始。幸运女神常常青睐长期"有准备者"。对于我们中的绝大多数人来说，创业的机会并不仅仅是光临一次，它会多次叩击我们的命运之门。然而，遗憾的是，在许多时候它光临时，我们要么没有察觉，要么是处于朦胧瞌睡的状态之中，与机会擦肩而过。创业良机不可强求，也不可不求，必须早早准备着迎接它的到来。创业，不存在充分条件，也不必条件充分；创业，需太多必要条件，但有些条件并非首要；创业最佳条件因人而异，什么时机最有利，什么时机正式创业。这些，都需要创业者长期而仔细地观察、调研并作出评估。"程咬金上阵上铖斧"式的行事模式是不可取的，那将使创业活动因缺乏可持续性而中途夭折。收集信息、市场分析、充分论证，这些都是创业活动必不可少的前期工作，机会总是青睐于有准备的头脑。

名人名言

要从事伟大的工作，唯一的方式就是热爱你所做的事情。如果你还未找到，就继续找吧，这一道理对你找工作和找恋人都是一样的。随着心之所欲，你会找到它的，并知道什么是你想要的。而且，与其它深厚的关系一样，它也会随时间的推移变得越来越美好，因此，坚持下去，直到你找到它。不要气馁。

——美国苹果电脑公司创始人之一 史蒂夫·乔布斯

■ 待机而动 先人一步

中国道家创始人老子曰："千里之行，始于足下。"又曰："天下大事必作于细，天下难事必作于易。"

找到自己的兴趣点和事业方向，是创业的基本前提。有的人没有搞清楚自己到底喜欢干什么，听说有一点机会，就马上付诸行动，这么做注定要吃亏。假如你愿意承受因追求梦想而带来的痛苦，那是一件可喜可贺的事情。因为，不论结果如何，你已经找到了一生中应该做的事情。如果你不愿意付出，就不要指望占有成功的宝藏。如果你发现在自己觉得重要的领域埋头钻研十分乏味，那就表明你并未进入状态，你不过是在做着自己创业的"白日梦"。没有实际行动支撑的梦想只能是空想。

尊重客观规律，坦然面对成败，锲而不舍，顽强拼搏，是创业者必备的心理素质。初创阶段，创业者面临的核心问题是如何提高成功概率。普通人在一般情况下创业，成功并不必然。要面对创业成功概率本来就不高的现实。只有切实尊重客观规律，同时充分发挥主观能动性，才能提高自己的成功概率。当今世界，每60分钟就能产生101个新专利申请，每一天就能有2265个新企业开张。统计数据表明，每开办一家新企业，同时伴随着4家企业的失败和关闭。所以，"识时务者为俊杰"，抓住创业最佳机会，打有准备之仗，磨砺创业心理素质，是成功者的条件。

美国小企业创业后的失败率

37%经营超过6年（美国国家小企业局，SBA，U.S.1992）。

约18%在8年内经营失败，54%生存期超过8年（《财富》杂志，1993年9月6日）。

失败的原因：经济因素和资金麻烦为主（相加超过了80%）；缺乏（相关）实际经验、自身疏忽或失误等是次要的一些原因。

脚踏实地，勤奋工作，坚定不移地实施计划，朝着既定目标全力冲刺，是创业者获取成功的不二选择。对于创业者而言，在激情创业和喜获成果之间，还有巨大的鸿沟。创业者所要做的是，力求在事先就能避免常见的陷阱和易犯的失误，尽可能减低创业风险与经营代价。创业者需要有梦想，但更要从实际出发。从实际出发，则一定能提高成功的概率。美国利莲·弗农邮购公司创始人利莲·弗农一针见血地指出："企业家首先都是一些梦想家，他们很容易痴迷于自己的梦想，沉溺得如此之深，以至于会忽视现实当中能够让梦想得以实现的具体步骤。除非你以前有过一些实际经验，不然的话还是把你的梦想和野心控制在适当的范围内比较好。"

善于学习，博采众长，是创业者走向成功的有效途径。要通过加强学习和长期积累，有意识、有计划地提高自己的创业素质，尽可能地改善创业条件。要多学习、领会有助于创业成功的常识、谚语、名言，它们是创业者的"通灵宝器"，它们所包含的智慧对创业者很有裨益。所谓常识，就是人们通过亲身实践得到的经验和教训，经过理性的归纳总结后凝结而成的简明智慧或基本规律。所谓学科知识，就是专业系统性的知识与技能，主要是为职业人才（包括一般职业经理人在内的"打工族"）工作之用。正如在现实中，一些MBA毕业生在企业界并不一定受到青睐，主要就是因为他们缺乏创业者、企业家在实践中活学活用的智慧积累，导致他们无法很快与其它人达成共识、产生共鸣。

要创业必须做长期准备，伺机而动，切勿莽撞，时机来临要立即行动。要坚决摒弃速战速胜的思想。对于我们所有人来说，要克服不经过艰苦的准备工作而迅速收获成功的诱惑。不要因为别人的一句话灵机一动去创业。而当时机到来时，要勇敢地付诸行动，及时抓住机会，别悔之晚矣。我国改革开放以来的第一个亿万富翁张果喜，就是善抓机遇，从"土农民"摇身一变成为"大企业家"。他不仅是"第一个亿万富翁"，而且是很早就打入了国际市场的"老字号"中国创业家。

资料链接

张果喜为何能成为中国第一个亿万富翁？

1979年秋，张果喜再次来到曾经给他带来好运的上海工艺品进出口公司。

在样品陈列厅，出口日本的精致雕花佛龛磁铁一般地吸牢了他。一个佛龛就有70%左右的利润，这比雕花套箱要高太多太多。在笃信佛教的日本，佛龛与轿车、别墅成为每个家庭必备的"三大件"，不仅价格高昂，而且市场需求很大。

张果喜毫不犹豫地与上海工艺品进出口公司签订了批量供货合同。

回到厂里，他立即召集技术骨干，对照样品，连续几十天仿制，终于拿出了"果喜"佛龛。他诚信地履行合同，终于击败了韩国、港台等地的对手，拿下了日本佛龛市场的大半江山。第二年，在木雕厂100万日元的创汇中，就有65万来自佛龛收入。

张果喜在自曝致富秘笈时说：经营上，要"先人一步"，突出一个"早"字，也就是"在别人没有想到钱的时候，我想到了钱；在别人想到钱的时候，我学会了挣钱"；他还把致富历程归结为"靠苦力赚钱；用钱赚钱；凭智力赚钱"的三阶段。

（摘选自：腾讯网2008年7月3日转载，来源：《小康》杂志，作者：李漠）

张果喜的成功，在于他敏锐的眼光和果断的决策能力。所以，现在的张果喜总会想起那只改变了他命运的佛龛，那是一只"百宝箱"。也许是命运的安排，只有张果喜的慧眼看到了那只佛龛背后隐藏着的巨大商机，并且抓住机会立即行动。这就是成功者的不同凡响之处。市场上处处有"百宝箱"，等待你用智慧的钥匙去开启。

■ 取舍不当 一辈受穷

人们创业的智慧，首先体现在"谋划"中。创业需要三大"生产要素"：财力（资金与资产，包括有形的和无形的资产）、人力（人才、智力）、计策（计划与策略）。人力资本有时比资金更重要。知识经济时代，人力资本等要素能起的作用将越来越大，有时甚至是决定性要素。计策又是现实力量的"缩放器"。有勇更须有谋。企业战略及策略（对内调集与整合，对外竞争与合作）至关重要。中国古代商圣白圭根据自己搏击商海的经历得出结论："商战胜于兵战"（司马迁《货殖列传》）。《三国演义》罗贯中对官渡之战曹胜袁败的原因作了精辟概括："势弱只因多算胜，兵强却为寡谋亡。"创业者的关键职能之一就是调集、整合这些"生产要素"，创造出为市场所需要的产品和服务，实现商业价值。

名人名言

只要我们伸手，我们就能找到午餐。因为在我们的身边，有着大量的资源在等待着用武之地，在等待着整合。真正短缺的不是资源，不是资金，而是思维，是对现实对社会的理解和把握。

——美国著名经济学家 保罗·克鲁格曼

一个成熟的创业者总是会根据自己掌握的生产要素，随时随地不断修订和完善自己的创业计划。创业计划不一定非得形成文字，更不需非得有漂亮文本。点燃创业者激情的，不一定是一项计划，而常常只是一个构思、目标本身。"计划赶不上变化"，这对于创业来说，很正常。事实上，伟大的事业在实际推行之前，往往没有什么完善的计划，人们只是朝着一个方向前进，而不管进程是否顺利、明确。俗话说得好：好的企业不是策划出来的，是脚踏实地干出来的。

纸上谈兵非好汉。"本本"重要，还是实干重要？不要停留于PPT上的创业梦想。商业计划的制定是用来指导创业者创建企业并促其成长的一个有效的手段。它不是放在抽屉里的摆设，而是要认真地贯彻执行。迈克尔·戴尔说："没有付诸行动的计划，等于零。"

资料链接

马克·吐温错失"发财"良机

中国台湾著名文人李敖在复旦大学演讲时，说到了美国大幽默作家马克·吐温错失"发财"良机的一个故事：美国有一个文学家马克·吐温，一辈子赚了很多钱，可是都糟蹋掉了，因为他喜欢投资发财，可是每次投资都失败。最后来了一个人说我有一个玩意儿，你这么和它讲话，隔壁就听到了，就是电话。

可是马克·吐温说这是什么玩艺，我不要投资，所以他
就失去了这个机会，一辈子要投资，最后碰到一个最可
以投资的，结果他漏掉了，这就是机会的问题。

（转引自：李敖在复旦大学的演讲，2005年9月26日）

从马克·吐温错失"发财"良机的故事中，我们得到的
启示是创业方式的选择是非常重要的。机遇不负有心人，相
机抉择为明智。

瞄准哪个行业，选择什么创业项目，要有智慧。不仅要
看行业和项目是否有市场前景，关键是自己能否运作好这个
行业中的项目。实践证明，选择挣钱的项目重要，选择适合
自己挣钱的项目最为重要。用何种方式拥有个人企业不一定
十分重要，但拥有适合自己的企业十分重要。

个人拥有企业的四种方式：

一种是白手起家，新创一家企业。绝大多数普通人
创业都是白手起家。

第二种是接管家族企业。这几乎是成为创业者的
最简易的一条捷径。多半的家族企业缺乏正式的接班计
划，常常来不及安排和培养好接班人，许多好端端的家
族企业因此陷入困境。

第三种是购买一家现成的企业（别人创办和经营

的）适当加以改造，"二次创业"。

第四种是购买（加盟）一项特许经营（计划），或者开办新的业务单位（事业部、子公司、分公司等分支机构）。无论哪种方式都可以，关键是要从实际出发作最佳选择。

智慧的创业人士总盯住自己能赚钱的行业。高新技术产业虽然因热门而可爱，但并不必然带来经营成功。不可戴有色眼镜看待"传统行当"。著名学者樊纲谈到中国传统产业时说："传统产业将是中国经济增长的基本支柱，是老百姓花钱的主要地方，这里有几十年的市场，几十年的扩展，前途无限。""老有人瞧不起传统产业，现在都在讲中国要成为世界工厂，说世界工厂要做世界高级产品。我们当然要生产高档的东西，但是同时我们也要生产低档的东西，中国还有五亿农民等着进城就业。""小肥羊"这种"零科技含量"的餐饮企业在创业第六年就创造了43亿元人民币的营业收入。这就足以证明传统产业的无穷魅力。

4.2 循序渐进，创业实践出真知

对大部分创业者来说，初次创业往往缺乏足够的经验和足够的条件，一旦启动可能会不知从何下手，而且在进程中又常常会手忙脚乱。如果事先有个综合的了解，遵循基本的步骤，从容不迫地料理好日常的事务，密切关注和解决好创业的一系列关键问题，将有助于提高企业的存活率。

■善投资者 以少胜多

资金的投入和使用，是创业者通常会遇到的非常棘手的问题。财务管理是一门学问。通常创业者会觉得钱不够用，常会感到捉襟见肘，恨不能一分钱掰成两分用。有的创业者激情澎湃，梦想干一番大事业，觉得资金投入越多越好。

事实上并非如此。不少创业成功人士讲，很多人失败的原因不是钱太少，而是钱太多。在开始做得越少，越一点点积累，你会做得越踏实，做扎实、做踏实，这个比较好一点。因此，正确的做法是，在创业初期先投入少量的原始资本，然后在企业发展的不同阶段，逐步投入更多的资金。这样做的好处是，你可以不断积累资金，提升企业的实力，同时又能稳健掌握企业有效运转的基本规律，防范企业的"死亡"风险。最重要的是，这样做能够使创业团队和现有投资人牢牢掌握企业大部分所有权。有人认为：一个创业者预先要求的启动资金越多，真正能够开启创业计划的机会越渺茫。这无疑是经过了无数次成功与失败之后而总结出来的经验之谈。创业的启动阶段，应该立定脚跟，才有可能迈出稳健的第二步，如果第一步迈不好，就不可能有后来的跳跃式发展。因此，创业起步阶段，稳妥应该为第一原则。它要求对资金进行合理投入和运用。一般来说，创业者的起步阶段，资金都不是太多，这更应该注意不要挥霍资金，应适量投入，循序渐进，等到渐入佳境，再增加投入。否则，如果遭遇挫折，就会血本无归，这对初创者而言，打击将是毁灭性的。如果遵循循序渐进原则，即便遭遇挫折，也会因船小好掉头，打击不是太大，仍可东山再起，只当交了一笔学费。

名人名言

　　投资的第一条准则是不要赔钱；第二条准则是永远不要忘记第一条。

——股神沃伦·巴菲特

当创业渡过起步阶段，慢慢开始做大做强时，要特别注意规避各种可能的陷阱与风险，当引进外部投资者的大笔资金时，创业者或创业团队的股权有可能被过早、过度稀释。这种情况下，许多成功创业家们的建议是，保留控制权。较理想的是你能拥有51%或更多的股份。如果你不能拥有50%或以上的股份，怎么办？可以要求在出让个人股份的同时，必须拥有在重要事情的决策上保留50%的投票权。

■ 优质产品 服务"上帝"

创业就是将产品成功推向市场。能否得到客户的认可就是创业成败的公平秤。需要牢记的是，对初创企业来说，赚钱是最重要的。因此，初创期最重要的任务和挑战就是寻找到明确的赢利模式，并且加以切实的检验。创业者需要密切关注事情进展的各种迹象，根据客户需要启发创意并进行产品设计，而决不让"我们认为最棒的东西，客户一定会喜欢"这样的先入为主之见所误导。

一般说来，一种新产品的开发需要经历四个阶段：

一是构思阶段，产生构思，激发创意，创意过滤；

二是概念阶段，形成概念并进行测试；

三是产品开发阶段，从小规模生产开始，进行商业分析和市场测试；

四是市场测试阶段，技术实施和商业化，提供实际销售结果。

需要注意的是，在开发新产品的四个阶段中，对创意不要有太多误解。别想当然。创意需要慎重验证。不能吊死在"创意完善"这棵树上。过于迷恋一个创意，结果可能是费尽周折之后，才发现是死路一条。产品或产业可能通过多轮尝试，最终才得以定位。英国杰出创业家、维珍唱片公司和维珍大西洋航空公司的创始人指出："我从不依靠别人来为我做市场调查和研究，或是制定重大营销战略。我一直认为，要想降低公司投资的风险，最好的办法就是自己亲身去了解该行业的本质特征。"

生活的逻辑其实很简单，直觉有时是对的。市场调查有时候可能是无用的。美国著名创业家、CNN创办人泰德·特纳认为："做一大堆研究有什么意思？我通常都知道我想做什么……我甚至从未做过有线新闻网络方面的市场研究……如果当初有人说……他们憎恨这个主意，我也毫不在意。如果你的主意在观念上站得住脚，就没有必要做研究了。还是跟着感觉走吧。"

那么，客户想得到什么呢？是高品质的产品（服务），是得到尊重或欣赏。美国19世纪末20世纪初的石油大王、社会慈善家约翰·洛克菲勒100年前就鲜明地指出："提供大众需要的商业服务一定会有收益。不被需要的商业企业都会倒闭，也应该倒闭。"这就要求创业者将市场定位准一点。识别目标市场的特点，确定目标市场最重要的因素，然后，集中营销组合中各因素的力量，对准目标市场发力。

名人名言

许多企业的兴衰沉浮都仅仅是因为忘记了消费者——忘记了那些花钱购买商品的人——不是根据消费者的需求进行生产而是错误地判断他们的需求——最终制造出了他们不想购买的东西。

——美国福特汽车公司创始人 亨利·福特

做广告是让顾客认知你的产品的主要手段。铺天盖地的广告有助于提高产品的知名度。现今，企业通常都建立了自己的网站或网页来推广业务，拓展市场。广告宣传方式也不是一成不变的，多一点创意，多一点神秘总会带给人惊喜，可以免费获取公众的注意。

英国维京集团主席理查德·布兰森在免费获取公众注意力方面做得非常成功：从他铤而走险般的气球探险，到四月愚人节的恶作剧，都十分引人注目。他说，他只想帮助媒体，因为他认识到通讯员和记者也需要故事和照片来做文章。他把一只气球伪装成空中飞碟，里面装满了身着绿色衣服的小矮人，让他们降落在伦敦附近的旷野上。他说这样做是为了使英国传媒的工作好做些。实际上，他是在利用媒体为自己做免费广告。

市场营销的四个关键点

一是顾客法则。要记住三个步骤：选准顾客，集中目标，主宰市场。必要时要引导顾客，尤其是推出创新产品的早期。美国"股神"和"华尔街之神"、2008年度世界第一富豪沃伦·巴菲特也曾经指出："一切为了顾客是对的，但顾客并不总是对的。"

二是回头客最重要。我们要记住，企业最优秀的推销员就是我们的客户。澳大利亚著名管理咨询专家詹姆斯·莱伯特认为，企业真正的利润不是来自于赢得更多顾客，而是来自于顾客一次又一次地回来购物。

三是诚心服务，留住客户。服务大多"不可逆"。美国联邦快递公司创始人弗雷德·史密斯曾经说过："好的交往增进感情，而坏的交往则令人沮丧。在服务行业，一个向顾客提供坏服务的人不可能像制造商一样，可以把有瑕疵的零件拿回来修好，再还给顾客以使它能再次运转正常。"因此，要根据获得的真实信息，及时采取措施改进服务质量，或修补与客户的感情。

四是靠员工善待顾客。要树立顾客第一的理念。顾客是我们的一线客户，必须想法要让顾客满意。

■唯才是用 知人善任

在企业运营、发展到一定阶段的时候，创业者应该腾出手来做该由自己来做的最重要的事情，而不要指望自己成为全能的超人，事实上世界上没有一个人能够做到事必躬亲，24小时连轴转。因此，物色、聘请到合适而能干的人，就几乎是最重要、最具挑战性的事情。识人眼光（一双慧眼）和用人之道（高超独到之处）至关重要。用人之道几乎胜过其它管理工作。一旦找到了需要的合适的人，创业者就掌握了企业发展的相当大的主动权，自己和企业才有可能达到一个又一个的新高度。

要招揽人才，打造优秀团队。管理企业不同于做"个体户"，单纯靠在创建企业时的个人英雄主义会很吃力，即使创业者有足够的启动资本和运营资本，因为管理有一定规模的企业，客观上需要一个强有力的团队才能胜任。世界著名犹太商人奥登·阿默尔说："任何一个商业奇才在组织自己的领导班子的时候都不会漏掉任何一个出色的人才。"

资料链接

唯才是用，德才兼备

有（汕头大学商学院）学生问李嘉诚，用什么办法才能吸引人才？

李嘉诚认为知人善任、唯才是用是关键。他说："亲人不代表亲信。比如说你有个表弟，当然是很亲了，但如果只是因为这样，你就重用他，事业就可能出问题。而一个人和你共事一段时间，如果思路、人生方向跟你比较一致，那就可以委以重任。"

令李嘉诚骄傲的是，他的公司在过去十多年中，中高层行政人员流失率不到1%，"比香港的任何一家大公司都要少得多"。

李嘉诚强调品德的重要性，"虽然能力很重要，但一个人很有才干，每天却得派三个人看住他，这种人我宁可不要。"

（据新浪网http://www.sina.com.cn 2001年5月20日转载，来源：《羊城晚报》）

用人品德为先，任贤不避亲朋。新浪网、点击科技等公司的创始人王志东鲜明地指出："中国有一句古话，我们既反对任人唯亲，也提倡选贤不避亲。"

要挑选精英，形成中层骨干。挑选精英既要相马，又要赛马，还要厚待千里马。千里马要善识，更要善用。海尔集团公司董事局主席、首席执行官张瑞敏指出："人人是人才，赛马不是相马，给每一个愿意干事的人以发挥才干的舞台。"另外，必要时也要从外部引进一些优秀的干将，高薪雇请，由其直接承担重任，开创新的局面。因为，一个公司，都是新人，那磨合成本太高了。如果全是老人，思想就会僵化，空降兵的价值就是在于给企业带来一些新鲜的东西。不要见到MBA（工商管理硕士）就是宝，有该类文凭的并不都是真正能干肯干的"干才"。值钱的是帽子底下的那个活脑袋，而非脑袋上面的那顶高帽子。企业青睐真正德才兼备的人才，混文凭就会变得很不明智。

善待特殊人才，留住出色人才。一个有效的管理者应当能够将别人不同的能力综合起来，而不必让自己变成一个超人。应通过长期观察和特别考察，识别真正能干而可靠的人才，尤其不要忽视那些平时很少刻意表现自己的人。想做成大事业的创业家一定不能让老实人吃亏，而让那些投机取巧的人得势。美国钢铁公司执行总裁查尔斯·斯瓦布曾经指出："能引起管理者注意的是那些在任何时候都不停止思考，但却很少刻意表现自己的人。至于那些试图通过夸张炫耀的动作和哗众取宠的行为迷惑决策者的人，他们是注定要失败的。"

名人名言

把我们顶尖的20个人才挖走，那么我告诉你，微软会变成一家无足轻重的公司。

——前世界首富 比尔·盖茨

愿聘、敢用、善待"烈马"型人才。用人的最大失误就是没有任用比自己高明的人。有棱角敢直言的人可能是一类特殊的不可多得的人才，关键时刻或危难之时常能力挽狂澜，扭转局面。但现实中许多"主公"常常视而不见，或者叶公好龙，甚至还要打压。中国有人说过：人才有用不好用，庸才好用没有用。有个性的东西往往是优秀的，优秀的东西必然是有个性的。美国19世纪末20世纪初的钢铁大王安德鲁·卡内基就是一位乐用敢用善用比自己能干人才的"超级高手"。

要善待自己的员工。企业可持续发展的关键在于员工。能力合格而价值观合拍的员工，是企业最宝贵的资产。没有优秀人才队伍，难以打下一片江山。要创好业，必须善待好自己的员工。

资料链接

英国老板买小岛供员工度假

英国维京集团公司主席理查德·布朗森不惜花费200万英镑的巨资，在澳大利亚买下一座热带岛屿，作为公司员工的度假胜地。

英国《卫报》报道说，这是一个25万平方米的小岛，靠近澳大利亚昆士兰的冲浪圣地阳光海岸。据说，布朗森原准备将这里作为他的私人度假地，然而在获悉集团的航空公司竟然创下了230％的利润增长率之后，决定将小岛献给大家。这个小岛将成为最先进的度假休闲中心，除了各式的水上运动，这里还会有网球场、林间跑道、培训设备和舒适的木屋。为了让小岛更加符合员工们的口味，公司正广泛征求员工们的设计点子。

对于许多人来讲，布朗森的做法是难以想象的，因为大多数管理者并没有将员工的心情与公司发展联系在一起。然而越来越多的迹象表明，快乐的员工才是富有创造性的员工。调查表明，薪水高只是留住人才的一方面，更多的人看中的是家的感觉，免费的饮料、小小的按摩服务，也许就能让员工们满心欢喜，精神百倍地投入工作。

（据南方网讯2003年5月20日转载，来源：《信息时报》，原题为"英国一老板买小岛供员工度假"）

英国维京集团的老板，肯花巨资买岛屿供员工休闲，就是为了让员工满意。员工是直接服务顾客的，因此，没有满意的员工，就难有满意的顾客。

日本杰出创业家松下幸之助认为："从长远的角度来看，员工的技能、意志力及其动力永远是一个企业成功的关键。那种仅靠几个人，通过一两个聪明的战略决策，就可创建一个伟大的企业的想法未免荒谬。"

　　要知人善任，扬长避短，建立比较完备的识人用人机制。无论是核心团队，中层骨干，还是普通员工，都需要一个识人用人的长效机制。如果一个企业在创业时就已形成很好的识人用人机制，那么这个企业寿命肯定会长许多。世界管理学大师彼得·德鲁克在其名著《有效的管理者》一书中写道："倘要所用的人没有短处，其结果至多只是一个平平凡凡的组织。所谓'样样都是'，必然一无是处。才干越高的人，其缺点往往显著。""一个管理者如果仅能见人之短而不能见人之长，因而刻意于避免其短而非着眼于展其所长，则这位管理者本身就是一位弱者。"优秀的企业领导者还必须"知人善免"。海尔集团公司董事局主席、首席执行官在海尔一再强调："能者上，庸者下，平者让。谁砸企业的牌子，企业就砸谁的饭碗。"

　　要戒除家长式的工作方式。不能事事包办，放不下心。企业领导者要做的事情就是提高决策的质量，而不能把自己陷于事务性的工作，要给自己思考企业战略的时间。中国华洋建设集团董事局主席严介和说过："厨房里的油瓶倒了，我肯定不会去扶的。我会把保姆找来，让她自己总结油瓶被碰倒的原因，下次她就会把油瓶放到一个更合适的位置。管理就是管人！我是只管人不管事的。"雇用最好的人，接着，别挡住他们的路。然后进来，称赞他们的作品。这就是好的领导者。

4.3 善于借鉴，过好创业"三关"

对于创业者个人和小团队而言，许久未见成功是令人痛苦的，失利失败更是难以接受。如何保持成功？人们应该谨记教训：个人弱点并非悲剧的直接起因；不愿坦然面对自己的弱点，又不乐意听从别人建设性的意见，才是决策失误、创业失败的主要原因。如何留住财富基业，避免陷阱，降低风险，实现长期可持续发展，是创业者需要把握好的大课题。

■思路一开 出路自来

纵观古今中外成功致富人士，可以发现创业成功有一些共同的原因，比如，吃苦耐劳，意志品质坚定，不达目标誓不罢休；认真钻研经营之道，尽量满足细分市场的需求；把顾客当作上帝，以服务客户为工作核心；有出色的管理团队和完善的管理制度，足以应对各种挑战，等等。今日资本集团创始人、总裁徐新女士认为："创业成功有共同的特点：第一是创业人的眼光比较好，就是生意头脑非常好。第二是带队伍的能力很强。第三就是坚持不懈和百折不挠。"

　　而分析创业失败的原因，大抵有下面这些：管理太差劲；疏忽大意，控制松散；资金短缺；跟不上形势的发展与变化；不乐于不善于授权；对市场不敏感；现金流"断流"等等。

　　对比成功与失败的经验教训，创业者最重要的是要理清思路。所谓没有思路，就没有出路，就是这个道理。恪守基本原则，才是避免夭折的"不二法门"。当今，要开办一家企业，比起过去要容易得多，但是要经营好一家企业，却常常比过去艰难得多。所以，创业者要努力做到：尊重规律、诚信经营、特色竞争、公正待人、理性拓展。

资料链接

史玉柱的四句创业语录

　　　　第一句："赚大钱还是赚小钱，取决于你的战略。"

　　　　第二句："再好的决策，也不可能适应未来的种种变化，需要在实际操作过程中及时调整。"

　　第三句："就算战略方向对了，取得成功还需要心血的浇灌。"

　　第四句："领导者的内心真诚是团队愿意不离不弃的真正原因。"

（摘选自领先网络2008年9月18日）

■ 闯过三关 百战不殆

在创业的征途上，有许多大大小小的关口等待创业者去逾越。摆在创业者或创业团队面前的，主要是三大关口：创业理念、创业战略、创业管理。

第一个关口是创业理念。其中最重要的就是树立诚信经营和正确的财富理念。诚信经营业务，竭力服务客户，说起来轻巧，做起来难。孰不见有些企业口号喊得震天响，而暗地里却干着昧良心的勾当。没有良心的老板甚至是社会的一大祸害。我们要树立这样一种观念："今天的真诚是明天的市场，后天的利润。"诚信不是一种高深空洞的理念，而是实实在在的言出必行的细节。诚信不能拿来销售，不能拿来做概念。美国可口可乐公司前总裁罗伯特·戈祖塔曾经明确地指出："我反对那种为了提高明天的利润额不惜牺牲今天的一切，甚至也不顾及将给明天带来什么后果的行为。"股神沃伦·巴菲特说："要赢得好的声誉需要20年，而要毁掉它，5分钟就够。如果明白了这一点，你做起事来就会不同了。"

"台上靠智慧，台下靠信誉"是许多亿万富翁始终坚持的原则，他说，"无商不奸"中的"奸"其实就是"傻"，有哪个奸商能够做大？又有哪个奸商能够长久？

超越金钱财富，建立恒久事业。在创业之前，你一定要搞清楚自己创业的动机。如果你的动机单纯是财富、名声、权势，那么，你创业的结局将很难预料。如果你创业只是为了追求梦想、成就事业、实现自身价值、为社会作贡献，那么你将会更接近成功。要警惕财富扭曲人性。创业者要避免在不断追求财富的过程当中，因为太投入而失去了自己的本性。创业不能是单纯地追求金钱、财富，建立事业才是最重要的。美国石油大王、社会慈善家约翰·洛克菲勒曾经指出："如果你的目标是取得辉煌卓越的成功，不管你出卖自己的劳动还是自立门户，一心想要不择手段从这个世界上攫取你想要的东西，那么就不要做生意。在选择自己的职业或者雇主时，首先想到的就是：我在什么地方可以最大限度地发挥自己的能力？在增加整体利益方面我可以做些什么有所帮助呢？带着这样的思想准备进入生活，用这种发现选择自己的职业，你就会走出取得辉煌成功的第一步。""陶朱公"范蠡"十九年中三致千金"，不忘亲朋好友与乡亲，把钱财散给穷苦人，获得"富而好行其德"的好名声。

创业要持之以恒地拥有"富后永思进取"的良好心态。积极追求不贪心，富有责任心。日本经济学界给企业家所下的定义是：既有前瞻性意识、拓荒精神，又有社会责任感，要对子孙负责。

名人名言

　　在外国，一个成功的企业家非常受尊重，但是在我们过去的旧社会里，商人处于比较低的地位。在西方国家，尤其是在美国，他们很多成功的商人，在退休的时候都拿出非常多的钱去贡献社会，我希望在座的每个人将来都成功，并在成功之余都能拿出一笔多余的钱来奉献，做一生都会觉得永远高兴的事情。

——长江实业集团有限公司董事局主席 李嘉诚

第二关是创业战略关。站在企业的角度看，发展战略关是最主要的挑战和工作重点。企业发展战略是关于企业发展的谋略，涉及企业中长期干什么、靠什么和怎么干等三大方面的问题，具有四个特征：整体性、长期性、基本性、谋略性。确定发展战略对企业具有格外重要的意义，正确的企业发展战略是企业生存和发展的关键，而偏离实际的企业发展战略将给企业带来无穷的麻烦。为了企业的长远利益，战略决策不唯书本，不唯经验，只讲究实事求是。在国外，企业家、企业高层主管、高层经营者花在战略思考、战略研究上的时间占全部工作时间的一半甚至60%—70%。

第三关是创业管理关。因为缺乏管理知识、技能和经验，创业者的管理水平跟不上企业快速成长的需要，会导致管理混乱，企业失控，面临危机。有时也会因为固步自封，死守老套路而使企业发展停滞。中国香港杰出创业家，长江实业（集团）公司董事长李嘉诚指出："企业从呱呱落地到长大成人必然要经过许多阶段和历程，希望一个管理模式走到头是幼稚的，也是不现实的。"

有些人是经商天才，却不懂得基本会计和财务管理知识。创业者有必要懂得基本的会计和财务管理知识，虽然不必成为专家。即使有专家辅佐或聘有专职人员，自己也应该懂个大概，否则碰到账本和财务问题就会是一头雾水。澳大利亚著名管理咨询专家詹姆斯·莱伯特指出："如果连基本的会计知识都不懂，一个商人不会有太大的作为。"

开源和节流是财务管理的两大根本思路。创业者要善用会计，掌握家底。任何公司开始或结束，其核心问题不外乎是对其财务数字的分析。不管创业者在其它方面都做了什么，如果他不知道公司里究竟发生了什么事，而只是凭传说的财务数据或凭直觉来做判断，那么他最终会付出惨重的代价。

要避免"大手大脚"，谨防财务失控。"不勤不得，不俭不丰。"要节俭生财。要牢牢记住：今天大吃大喝，明天忍饥挨饿。世界船王包玉刚认为："在经营中，每节约一分钱，就会使利润增加一分，节约与利润是成正比的。"因为，对于节俭的人，金钱是扁平的，是可以一块块堆积起来的。

所有的初创型企业都面临先生存再发展的问题。一定要先做实，后做强，再做大。这就要求创业者从一开始就要注意抵御各种诱惑，做好自我管理工作，防止投资冲动，规避创业风险。要知道，稍不留神，企业就会灰飞烟灭。尤其在投资和产品开发等方面不要盲目追热、"从众"跟风。当你没有必要做出决定时，就有必要不做出决定。

谨防自以为是，野心膨胀。人之大患在于自以为是，自以为了不起，甚至自我膨胀，这是人的劣根性，创业者需要避免。美国华尔街资深投资顾问亨利·克鲁斯说过："人类的天性倾向于相信另一种认识，那就是，在某一领域成就非凡的人在任何领域都会取得成功，这样的看法也是各行各业的人们普遍具有的一种误解。"

张茵：做企业不要"这山看着那山高"

2006年胡润财富榜首富的张茵，在产业扩展的重大投资决策上，从不含糊和迷失。她成功的秘诀是做企业要专一，不要"这山看着那山高"，能经得起各种暴利产业的诱惑。

张茵认为，获取财富要靠智慧和勤奋，不能不择手段，做人要厚道，否则客户就会离自己的企业越来越远。更重要的是，做企业一定要专一，干一行爱一行。如果整天抱着投机心理，想着发大财和一夜暴富，也许会一败涂地。

张茵说："企业最关键的是要定好位，做错一单生意没问题，但定错位就很麻烦。十几年前，许多人都去搞房地产、炒股票，这都很赚钱，当时也有人劝我改行，我还是抵挡住了诱惑。现在企业在香港上市了，我更要非常专注地做纸业。"

（摘选自：《羊城晚报》2007.3.26）

实践检验真经，实战锻炼才干。走向成功的旅途，难免经历一些令人不爽的颠簸，甚至会在险要之处翻车，但尚能揩干血汗，继续前行，则会"柳暗花明又一村"。经历过波折后，人可能变得更清醒、更坚定、更成熟。

总而言之，就是要在创业实践中，通过综合历练，适时提升个人创业素质。创业初期，创业者大多没有什么可以依靠。创办的小企业要生存与成功，创业者常常只能靠自己的苦干和求知。除了辛苦打拼，就是学习、钻研与业务相关的一切。如今的大企业家，当年创业也是这么走过来的，比如中国台湾的王永庆，中国内地改革开放后崛起的企业家如鲁冠球、李如成、四川刘氏兄弟、湖南张锐兄弟等。但是也有很多企业到一定规模后，由于创业者素质所限，企业停滞不前，有的稍经风浪便淹没在时代的洪流中。对于创业者而言，不断地给自己"充电"，是打破宿命的正确选择。

开阔的眼界和胸襟离不开科学的观察、思考、分析、判断。创业者的大脑不能有一分钟的停歇，必须不断地观察形势，分析问题，作出判断，这是创业者的一大本事。敏锐的观察力和准确的判断力是经商者财富永不干涸的源泉，也是经商者必备的能力之一。《夷坚志》载，宋朝年间，有一次临安城失火，殃及鱼池，一位姓裴商人的店铺也随之起火，但是他没有去救火，而是带上银两，网罗人力出城采购竹木砖瓦、芦苇等建筑材料。火灾过后，百废待兴，市场上建房材料热销缺货，此时，裴氏商人趁机大发其财，赚的钱数十倍于店铺所值之钱，同时也满足了市场和百姓的需要。

富得早还要永不倒。不难发现，一批批"著名企业家"，很多早已被历史的滚滚潮流所淹没。据有关权威部门调查，我国民营企业的平均寿命只有2年零7个月。怎样改变这种状况？办法有多种，如政府要加强引导，给予一定的扶持政策，但主要的还是民营企业需要提高综合素质，不断学习，提升核心竞争力。

专家点评 ZHUANJIA DIANPING

人们不禁要问，决定创业成功的关键是什么？我认为，创业是一个系统工程，可以说每一个环节都很关键，仅把创业的某一个或者几个关键环节作为决定因素，也是错误的。事实证明，是一种把人与物、人与人连接起来的独立于资本要素甚至是创业本身的智慧，起了决定作用。这种智慧，就是把握创业项目、整合创业资源、驾驭创业要素、通透创业规律的认知和实践能力。可以说，这种智慧是创业的灵魂。这种智慧，源于古往今来亿万人民的创业实践。要获得它，需要借鉴，更需要亲身实践。

深度阅读

1. 戴尔·卡耐基：《美好的人生》。

2. 阿尔伯特·哈伯德：《把信送给加西亚》。

3. 汪中求：《细节决定成败》。

5

创业争雄
——放马经营大世界

创新对外投资和合作方式,支持企业在研发、生产、销售等方面开展国际化经营,加快培育我国的跨国公司和国际知名品牌。

——胡锦涛

试问当今世界，竟是谁家天下？这里的"世界"，非指民族与国土，而指市场经济的份额。

市场竞争，波诡云谲。群雄争霸，中原逐鹿。谁将独占鳌头，坐拥江山？是那些敢于争雄，以小搏大的勇者；是那些心怀天下，眼界高远的智者。智勇双全，方能脱颖而出，成功创业。

市场竞争，如逆水行舟，不进则退。因此，不管是大企业，还是小企业，要求得生存与发展，都应不懈求新求变，追求卓越。即使做大做强了的企业，仍要加强学习，永葆创业精神，确保可持续发展。有胆略的企业家，应是驾驭财富力量、驰骋天下市场的高手，他们布局全球，经营世界。昨日的本土山寨王，很多已成今天的跨国经营巨头。

世界已经进入信息化时代，中国企业家开始走向世界，在各地创业投资"跑马圈地"。我们有理由相信，未来几十年，中国将会有越来越多的优秀企业成为世界级公司。

5.1 大企业坐江山，居安思危莫慵懒

　　改革开放以来，随着全民创业不断推进，中国涌现出了一大批实力雄厚、规模巨大的企业，支持着国民经济的健康快速发展。企业做大是好事，但许多案例表明，企业规模变大以后，也容易出现骄傲自大，"船大难调头"的现象，对市场的反应也开始变得麻木、迟缓。

　　那么，大企业如何才能保持持续活力，不断适应市场变化，保持强大竞争力呢?

■ 家大业大　切莫自大

　　孟子云："生于忧患，死于安乐。"不少创业成功的企业，容易过早地患上"大企业病"：管理层次繁多，组织结构僵化；冗员过多，人浮于事；"老板"被神化为某种偶像和符号；企业创新精神淡化，经济嗅觉迟钝等等。即使管理者看到市场的变化和机会，但要迅速调整大船航向，应对市场风浪，已感心有余而力不足。

浙江万向集团董事局主席鲁冠球曾言："成功很容易成为我们的思维模式，如果昨天的成功，成为我们今天的模式，那么，必定会挡住我们明天的机会。因此，不断的突破，实现新的飞跃，对于我们就格外的重要。"

实际上，不少企业家正是在企业向新台阶迈进的时候，没有把握好管理尺度和方法，没有调整好自己的心态，总觉得自己已经家大业大，便志得意满、踌躇满志，丢掉了自己最初创业时的那些可贵品质，最终让辛辛苦苦培植起来的企业被打回原形。

名人名言

长期的成功只是在我们时时心怀恐惧时才可能。不要骄傲地回首让我们取得过往成功的战略，而是要明察什么将导致我们未来的没落。这样我们才能集中精力于未来的挑战，让我们保持虚心、学习的饥饿及足够的灵活。

——美国IBM公司前总裁 郭士纳

将企业做大是所有企业家的理想，但抱有理想的同时，还需秉持小公司的心态。保持灵活、敏感和高效的经营风格，这是事业长兴、基业永固的关键所在。因此，大公司也须向小企业学习长处，保持创业型小公司心态。小公司心态意味着企业在成长过程中对市场机会有着灵敏的感觉。小企业为了生存，往往创新创业精神较强，对市场反应敏锐、快速。

在沃尔玛创始人萨姆·沃顿的传记里面，我们看到这位花白头发的亿万富翁竟亲自跑到竞争对手的卖场里拿着摄像机偷拍，经常被人抓到也并不觉得有多么尴尬。新闻媒体曾经采访一位国内连锁企业的总裁：你经常到竞争对手的卖场看看吗？他的回答出乎意料：我手底下管市场的人看就可以了，我很少去。

企业家要永葆创业精神，就不应贪图享受。企业家最大的敌人是自己，最难战胜的也是自己，控制人的物质欲望有利于磨炼自己的意志。企业家如果光会享乐，早上围着车子转，中午围着盘子转，晚上围着裙子转，那他迟早会丢掉头上的光环，堕落成不入流的物质消费者。

无论在国内还是在国外，都有许多优秀创业者在功成名就、非常富有之后，始终怀着如临深渊、如履薄冰的心态，仍然勤奋工作，奋斗不息，保持着一种强烈的进取精神。

资料链接

任正非：华为最基本的使命就是活下去

任正非是一条为了信念而战斗的硬汉。2005年他入选《时代周刊》全球"建设者与巨子"100名排行榜。《时代周刊》评价说，华为正重复当年思科、爱立信等卓越的

全球性大公司的历程，并且正在成为这些电信巨头"最危险"的竞争对手。 2006年美国《新闻周刊》更认为，尽管创立者任正非一直保持低调，华为已经与电讯业的国际几大巨头北方电讯、朗讯科技、阿尔卡特、思科系统站在同一水平线开展竞争，而且它常常可以从它们中间赢得更多网络运营业务。

华为总裁任正非在《北国之春》一文中写道："在松下电工，不论是办公室，还是会议室，或是通道的墙上，随处都能看到一幅张贴画，画上是一条即将撞上冰山的巨轮，下面写着：'能挽救这条船的，唯有你。'其危机意识可见一斑。在华为公司，我们的冬天意识是否那么强烈？是否传递到基层？是否人人行动起来了？"

大企业要做久做强，永葆生机，必须保持危机意识。老子说："祸兮福兮所倚，福兮祸兮所伏。"美国当代著名管理学家迈克尔·哈默尔曾经说过："如果你认为自己目前的状况很好，那表示你已经停滞不前。过去的成功，并不保证未来也会成功。昨日成功的秘诀，几乎可以说是造成未来失败的主要原因。"

看不到危机是最大的危机。因此,企业最大的危机不在于外部环境,而在于自身能不能识别危机并采取行动。

澳大利亚有一珍稀动物叫考拉熊,也叫树袋熊。它是低等的哺乳动物,只分布于澳大利亚东南部沿海一带狭长的桉树林中。由于缺少竞争对手,千百年来进化很慢,世界上目前只剩下几千只。这些考拉熊每天要睡眠20个小时,但很脆弱,一个响雷就可以将其吓死。

千万别当考拉熊。

企业要有危机感,对显现的或潜在的各种重大风险,要有清醒的认识和足够的准备。当危机快出现或已出现时,才可能加以预防,乃至化险为夷。

■ 推进改革 搞活机制

大企业要避免"大企业病",就要根据市场和企业发展状况,不断推进改革,搞活企业的体制机制。一个企业发展成为大企业集团以后,组织内部难免会出现组织僵化、部门繁多、责权不清、冗员沉重等种种问题。要解决这些问题,就要进行体制机制的改革创新。

心理学家西斯克(N.L.Sisk)认为,当一个组织面临下列几种情况之一时,变革就有必要:(1)决策的形成过于缓慢,以致无法把握良好的机会,或时常造成错误的决策;

（2）组织沟通不良；（3）组织的主要功能显得无准备或低效率；（4）组织缺少创新。

这个时候要推进改革，就不要怕有阻力。然而，当组织决定要进行变革时，总会遇到内部的阻力，有时阻力还特别大。究其原因，往往是因为：从狭隘的私利出发，不顾组织的整体利益；不明了变革的意义，对发动变革缺乏信心；对变革的后果与变革者的决心估计不足；顾虑自己的技能和知识过时。

人们大多喜欢现状，不喜欢改变。因此，当变革开始时，过去的好日子在人们心目中就显得越来越美好，越来越值得留恋。

意大利近代政治学学者尼科洛·马基雅弗利认为："最困难的事情莫过于推行一套新秩序。因为创新者要面对两个方面的反击：一方面是那些在旧体制下已经游刃有余的守旧派，另一方面是那些可能会适应新体制的温和保守派。"

生活每天都是新的，市场每天都是新的，作为市场经济主体的企业，必须因时而变，变革是企业生存与发展之道。因此，越是阻力大，就越要坚决进行变革，否则，总有一天会被市场或竞争对手革了命的。

要不断完善责权体系和核心管理流程。一般来说，企业有部门职责，有岗位说明书，应该说责权划分得很清楚了，为什么还要构建和完善责权体系呢？对国内大企业尤其是国有大企业来讲，有一个普遍困扰企业总部的难题，就是很难协调责权关系。有时候权力下放了，但责任却还要总部承担。所以大企业要实现总部有效管控，就要建立健全合理的责权体系，这样才能保持整个企业的活力与创造能力。

要建立以业绩为导向的考核激励机制。改革体制机制，既包括对物的控制、对信息的调控，更包括对人的积极性、创造性的调动。人是企业的活动细胞，是一切管理、生产中最积极最活跃的因素。管理活动、生产活动最终要靠人去实施，人的能动性、主动性、积极性必须靠合理科学的体制机制来调动，尤其是业绩评价与激励要紧密结合。因此，进行改革完善体制机制必须要进行业绩管理体系的设计，突出业绩考核与激励，引导下属企业和员工的行为，最终实现企业总部的战略意图。

企业组织结构的设置受多种因素的影响，如竞争环境、公司战略、业务组合、行业特点、企业规模、管理传统、政府政策、法律规定、集团所处的不同发展阶段等等，甚至包括经营者的风格。

实现组织结构调整，是大企业特别是企业集团化成功运作的重要条件。从国际环境看，结构调整是企业集团变革的一个焦点，趋势是"扁平化"、"虚拟化"及"无边界组织"。全球知名的企业集团国际化程度较高，结构调整不再局限于本国内，而是在全球范围内进行。从组织的类型来看，国外企业集团的组织结构更加多元化，大多数都是几种组织类型的混合体。同时，结构调整不再局限于企业内部，而是扩展到外部关系的重构，如寻求伙伴（上有供应商和承包商，下有分销商和顾客）的协作等。

很长一段时间以来，中国及世界上知名的集团企业大都采用事业部制。但是，近期集团企业的变革具有明显的由事业部制向二级子集团制演进的趋势，这一变革的原因是二级子集团制更灵活，分权更彻底，也更有益于专业化经营。一般来说，事业部是集团内的一个部门，不具有法人资格，是非法人，通常集团将事业部当成一个部门来进行管理。在对外签署合同时，事业部签署合同无效，但经总部授权，签署合同有效。二级子集团是法人企业，具有独立法人资格。从责权体系角度分析，事业部是一种分权制度，但是它没有二级子集团分权彻底。因此，集团组织架构重组向更具分权特色的二级子集团演进是符合集团化管理的趋势，这一趋势符合现代化集团企业发展的路径。

从经营决策上来说，二级子集团制实行后，有利于整合集团的资源，形成核心竞争力，提升集团整体实力。总体战略决策集中在集团总部，二级子集团可以进行专业化的发展，每一个子集团形成自身发展目标和行业竞争战略，找准行业标杆，明确自身定位，寻求符合自身发展的商业模式，并在所在行业中形成行业领导地位。

以中国最大的家电企业海尔集团为例，以前，家电行业的竞争是单一产品的竞争。海尔为实现产品专业化，按产品品类设置事业部制符合市场竞争的格局。但随着竞争格局的变化，简单卖出去一件产品已经不能满足客户的需求，他们更需要一整套的"解决方案"，竞争格局也就转变为整体解决方案的竞争。因此，继续实行事业部制就显得有些不合时宜了。同时，全球化品牌战略的实施要求有更灵活的组织结构来支撑。海尔集团在实行全球化品牌战略时发现其公司架构越来越对其走向海外的步伐构成制约，调整组织结构势在必行。为此，从2007年6月开始，海尔按各类产品线的运营模式不同重新规整公司构架，抛弃采用多年的事业部制，转向二级子集团制。调整后，增强了产品的协同性，降低了内部成本，提高了对外竞争能力。

■ 不断学习 顺势而为

海尔集团公司董事局主席、首席执行官张瑞敏曾提出"斜坡球体理论"，该理论认为：企业在市场所处位置，如同斜坡上的一个球体，需要强化内部基础管理，才能产生强有力的止动力。否则，球体肯定会向下滚动。

那么，企业怎样才能获得这种内部的"止动力"呢？学习，只有学习，才能使人具有开放型的头脑，使组织成为开放型组织，才能正确分析和处理来自各方面的信息，从而产生变革的动力。因此，大企业要成为未来真正杰出的企业，就必须设法使内部各阶层人员全身心投入，并有能力不断学习，从而把企业建成真正的"学习型组织"，以保持竞争力。

学习型组织

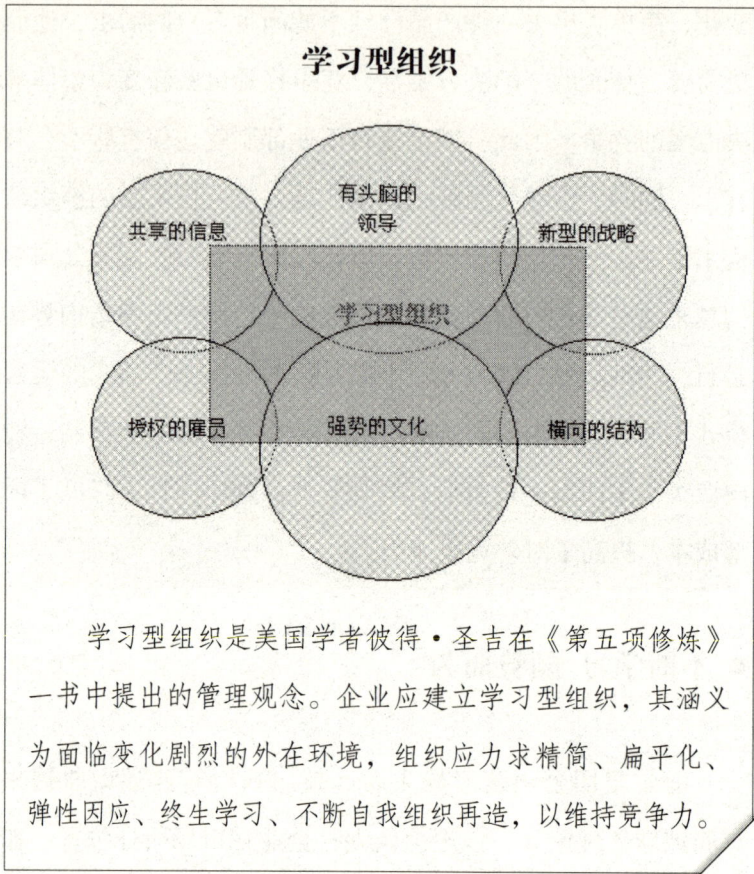

学习型组织是美国学者彼得·圣吉在《第五项修炼》一书中提出的管理观念。企业应建立学习型组织，其涵义为面临变化剧烈的外在环境，组织应力求精简、扁平化、弹性因应、终生学习、不断自我组织再造，以维持竞争力。

学习型组织不存在单一的模型，它是关于组织的概念和雇员作用的一种态度或理念，是用一种新的思维方式对组织的思考。在学习型组织中，每个人都要参与识别和解决问题，使组织能够进行不断的尝试，改善和提高它的能力。学习型组织的基本价值在于解决问题，与之相对的传统组织设计的着眼点是效率。在学习型组织内，雇员参加问题的识别，这意味着要懂得顾客的需要。雇员还要解决问题，这意味着要以一种独特的方式将一切综合起来考虑以满足顾客的需要。组织因此通过确定新的需要并满足这些需要来提高其价值。它常常是通过新的观念和信息而不是物质的产品来实现价值的提高。

美国当代著名管理学家迈克尔·哈默尔指出："在21世纪的公司中，可能'管理者'的人数只有现在的20%—25%，而且他们不再是组织中最有资历的人，每个人都能够在自己的专业领域中发展，不必非要晋升到管理者的岗位。"这是对个人在学习型组织中所起作用的恰当描述。

资料链接

中德总理见证三一集团投资德国项目签约

2009年1月29日，正在德国访问的温家宝总理于当地时间下午1点，与德国总理默克尔一起，出席了在德国总理府举行的三一集团与德国北威州政府投资协议签字仪式。根据协议，三一将在德国北威州的科隆市投资1亿欧元建设研发中心及机械制造基地，这是迄今为止中国在欧洲最大的一笔实业投资项目。

三一此次在德国科隆市建设的欧洲研发中心及机械制造基地，将覆盖整个欧洲市场。项目计划投资1亿欧元，达产后年产工程机械产品3000台，预计实现年销售收入3.5亿欧元，利润总额4802万欧元，投资利润率为27.75%，投资回收期6.93年。

近年来，随着工程机械产品在国际市场的拓展，进一步走出国门，到海外甚至是工程机械技术发达的欧美等地投资建厂，成为三一国际化的一大策略。除在德国的投资之外，三一在海外的动作还包括：2006年11月，在印度投资6000万美元建设工程机械生产基地，成为截至目前中资企业在印度最大的一笔直接投资；2007年9月，三一重工又与美国乔治亚州政府签署投资6000万美元建设工程机械制造基地的投资备忘录，该项目是目前湖南在美国最大的一笔投资，三一也成为了中国第一家在美国建立工厂的机械制造企业。业内人士认为，单刀直入的海外投资是三一不同于其它工程机械企业的扩张方式，三一善于用自身的优势资源到异国他乡整合别人的优势资源，用国际化的资源提升自身的国际化。

三一集团最近几年针对企业规模不断扩大、管理层次不断增加、决策效率下降的特点，公司安排高层分赴各大片区调研市场，了解情况，倾听呼声。调查的结果让公司高层认识到，组织机构过于庞大，工作流程过长，部门职责不清。为全面提高团队素质，在新形势下保持旺盛的生命力，三一重工痛下决心打造一支学习型团队，创建学习型组织，形成竞争与创新的氛围，推进组织结构、管理程序和团队素质的优化。2009年5月，集团在德国签署了一个协议，在德国科隆市投资1亿欧元建立一个研发中心。这是大企业加强内部学习、激活内部活力、进而经营天下的绝好案例。这是他们这几年加强学习型组织建设，努力练好内功的结果。

5.2 中小企业有专攻，内部激活开新天

任何一个企业的成功，都要经历一个由小到大、由弱变强的过程。中小企业要取得成功，就要有自己独特的东西。如果没有自身的特色、核心专长，发挥自己灵活多变的特点，就不具备真正的竞争优势。所以，中小企业一定要根据自己的优势资源，突出核心专长，激活内部潜力，留住人才，创新求变，保持市场竞争优势，才能使事业发展更上一层楼。

■ 做出特色 企业不倒

中小企业要保持旺盛的生命力，必须要做出特色，拥有自己独特的、客户缺少了不行的产品。而这就需要对客户进行认真的分析，创造出符合消费者心理需求的产品和服务。

比如，在"如家"的创始人沈南鹏看来，随着经济的发展，消费经济的服务和产业形式已经改变。经济型酒店"如家"的创意就来自于对消费者心理的细致分析，从而用创新

的模式去满足他们的需求。他认为："今天大家对酒店的要求越来越高，希望有一个标准化的、舒适的、安全的，甚至有宽带上网的经济型酒店，必须把技术和服务进行充分的融合，满足客户对产品越来越高的要求。"

在大多数人眼里，市场是无形的、隐蔽的、难以琢磨的，要准确把握和驾驭市场，几乎是没有什么可资借鉴的东西。其实，市场的变化也是有其规律的，关键是要善于捕捉市场从渐变到突变过程中的蛛丝马迹。对新技术、新产品的发现，一方面需要企业家对本行业产品和市场有深入的认知，特别是今后一段时期的发展趋势；另一方面，企业家要有一种"鹰眼"般的毒辣眼光，一种对事业执著而产生的"冲动"，这种素质有些是与生俱来的，但更多的是在市场中摸爬滚打练就出来的。比如，经过了18年的艰辛创业，现在拥有6亿元资产的四川省敦煌集团董事长裴丽蓉，创业初期是做服装的。1989年，在参加国际服装博览会时，她无意中走进了美国洛杉矶的一家超市，在逛超市的过程中，一个新的想法在她的脑子里出现了。当时成都的农产品还都摆在地摊上，成都人更不懂什么是生态农业、无公害农业。裴丽蓉开始四处考察。1995年，她在距离成都市30公里的都江堰买了550亩地，正式开始了自己的高科技农业事业，她的企业通过了政府对无公害蔬菜的检测。所有项目算下来全部投资3.2亿。她的企业是四川省第一家拿到无公害蔬菜标志的，产品摆进了成都市所有的48家超市里。

企业不怕小，就怕没有特色，没有特色就好像没有门槛一样，人人都可以进入。可以说，创利润难，创特色更难。以竞争最激烈的餐饮业为例，目前，在大城市中，餐饮店用鳞次栉比来形容并不为过，在多如过江之鲫的大小门店中，真正让消费者记住的，还是那些有特色的门店。长沙火宫殿有限公司就是一例。

资料链接

中华老字号火宫殿经久不衰

火宫殿（总店）位于长沙市坡子街，有着250余年的历史渊薮，是一家驰名中外的"中华老字号"企业，被誉为湘风小吃的源头、湘菜的主要代表。2002年，在长沙市政府的大力支持下，火宫殿进行了有史以来最大规模的改扩建工程，以火神庙为中心的火宫殿建筑群组成"古坊夕照"、"紫气腾升"、"廊亭幽境"、"一曲薰风"的火宫四景，给人一种古朴典雅的气息和独特的火庙文化的享受。来火宫殿一游，可观火庙雄风，可听戏曲弹词，可吃风味小吃，可尝正宗湘菜，可品名茶细点，成为长沙市一处亮丽的人文景观、旅游休闲的好去处。正如人们所说的那样："到长沙火宫殿，看看尝尝都是一种享受。"

这就是火宫殿的特色，其利润也可想而知了。

还有同仁堂以德、诚、信为本，方太把产品、厂品、人品有机结合，华为塑造不屈不挠、群体奋斗的狼性企业文化等等，这些企业都有自己的特色。特色开始可能是一种无法模仿的产品和服务，但最终应该是企业长期积淀下来的一种文化，企业文化的形成具有独特个性，在企业界的相似率几乎为零，难以被对手模仿。

■ 鼓励创新 宽容失败

创新是企业的生命。在欧洲，很多中小企业都已经具有300年、400年，甚至500年的历史，他们都是一直干一个行业，把产品做到极致，在全世界做得最好，是什么让他们历经风雨而红旗不倒？靠的就是技术不断创新。

改革开放以来，特别是进入90年代以来，依靠劳动力、土地和资源优势以及灵活的经营，我国的中小企业以强大的生产力支撑起了"中国制造"，中小企业数已占全国企业总数的99.8%，创造了全部产值的66%，提供了全国75%左右的城镇就业岗位，近一半的税收以及60%以上的出口总额。但是，这种要素导向型经济的弊端也正在日渐显现。由高消耗、高成本、高污染，低价格、低效益的生产构成引发的能源短缺和环境污染，多数加工制造企业在产品链条最低端、技术含量低和低附加值中徘徊，持续性和竞争力遭遇到了越来越大的阻力。

近年来，市场需求使中小企业的技术创新积极性有了很大提高。但无论从创新意识、创新能力，还是从创新投入、创新成果及创新效益看，都还处在较低的水平，研究开发投入、科技人员比例等指标不仅远低于发达国家"百年老店"企业水平，也低于国内大型企业水平。

2008年的世界金融风暴加上其它原因，我国中小企业已感到阵阵寒意。原材料价格上涨、生产经营成本增加、融资困难、出口锐减、人民币升值等诸多因素叠加在一起，大大挤压了中小企业的生存空间，劳动密集型中小企业更是遭遇困境。而快速创新既是中小企业走出当前困境的必然选择，也是他们挑战大公司的利器。

中小企业一般对市场很敏感，一旦发现技术和市场的空白，就会迅速行动。结果，往往比大企业更快地研发出新的技术、新的产品，占领了新的市场。

名人名言

依靠"做得更多，做得更好"去竞争，财力负担不起，实力弱的公司永远是输家。创新才是唯一有效的成功之路。

——日本现代经济学家、世界著名战略大师　大前研一

2007年11月6日，轻工行业标准《贵金属覆盖层饰品的规定》通过评审。这是浙江新光饰品有限公司参与制定的四

项全国性行业标准之一，也是中国饰品行业通过评审的首个国家级行业标准。受全国首饰标准化技术委员会委托，《贵金属覆盖层饰品的规定》由国家首饰质量监督检验中心与浙江新光饰品有限公司联合起草。在"中国制造"备受国际关注的背景下，"新光饰品"凭借持之以恒的科技，自主创新，厚积薄发，竖起了一面"国字号"大旗。

资料链接

中国流行饰品将告别无国标时代

新光饰品有限公司地处中国饰品生产、研发、销售的重要基地浙江义乌。作为行业龙头，"新光饰品"见证了中国饰品行业从萌芽到发展的全过程。目前"新光饰品"拥有中国饰品业规模最大且最专业的设计团队，每天有150余款新产品投放市场。在"新光饰品"的带领下，义

乌涌现出一大批上规模、上档次的饰品企业，并使义乌饰品的市场占有率一路攀升，成为国内饰品行业的"团体冠军"。在整个行业遭遇市场"寒流"时，"新光饰品"主动大幅提价，为众多中小饰品企业留出了生存和喘息的空间，避免了这个新兴行业在价格上的"血拼"。

近年来，"新光饰品"一方面大力加强科技研发，提升管理水平，一方面致力于业务模式的转型和创新，其自主开发的环保锡基合金等项目获得了国家发明专利并被列入国家"火炬计划"。从2003年至今，"新光饰品"每年科技经费投入都高于年销售收入的5%，在新光企业6000余名员工中，从事科技研究与开发的人员达638人。这一切使新光饰品公司成为国内流行饰品行业名副其实的龙头企业。诚如周晓光所言："新光要从根本上再转型，成为规范、健康能够适应市场竞争并带动产业发展的饰品业领袖。新光在未来的几年里，将继续带领中国饰品行业走向'从优秀到卓越'的旅程。"

（摘选自：《中国服饰报》2008.1.9）

中小企业创新会有失败的风险。因此，政府、社会和企业都要既鼓励创新，又宽容失败，形成浓郁的创新风气，营造宽容的"试创新"氛围。

鼓励创新、宽容失败是美国企业有活力的重要原因之一。不仅企业家对员工宽容，而且社会也对企业家的失败持宽容心。"失败是我们最重要的产品。"美国强生公司总裁如此说。

我们有理由相信，未来几十年是中国科技人才和企业界的研发人员发挥创造力、开展大创业的时代。中国人自古以来就以勤劳与智慧著称于世，我们一定能够创造出令世界和对手震惊的新技术、新产品、新模式。

■ 内部创业 永葆活力

内部创业是由一些有创业意向的企业员工发起，在企业的支持下承担企业内部某些业务内容或工作项目，进行创业并与企业分享成果的创业模式。这种激励方式不仅可以满足员工的创业欲望，同时也能激发企业内部活力，改善内部分配机制，是一种员工和企业双赢的管理制度。

中小企业由于规模较小，能够充分发挥船小好调头的优势。如果这时候能够充分发挥内部员工的积极性，支持有创业意向的年轻人实行内部创业，就可以做到员工与企业的双赢。

美国通用电气公司前董事长杰克·韦尔奇说过："很多公司的习惯是把最不必要的人派去发展新业务，这是没有意义的。要让新业务发展下去，就必须让最出色的人来执掌，而不是最平凡的人。"

尤其要注重重用年轻人，让他们充当创新的先锋，开拓新的产业领地。商场如战场。因此，就得先把年轻人送到前线，年轻人更敏捷、更勇敢、更无所顾忌。要主动制造和促进内部竞争，以避免被竞争对手打败。激励人们的最佳方式就是让他们彼此竞争，以激发其内在无穷的潜力和爆发力。

资料链接

日本索尼公司靠什么起飞的?

日本索尼公司如今已是国际知名企业，而其真正起飞，靠的是在全球率先推出民用彩色电视机。1970年，索尼总裁盛田昭夫在经济情况不景气的形势下，作出决定，投入巨资，鼓励技术人员内部创业，专心搞彩色显像管的研发。技术专家花了七年多的时间才完成了使命。七年间，尽管各种质疑声不断，但是盛田昭夫硬是顶住了种种压力。透过索尼的成功，人们不仅看到了研发人员内部创业的坚忍不拔和巨大动力，更看到了决策者的远见卓识。

所以，中小企业要留住优秀人才，使其成为"内创业家"。企业要想方设法创造条件对其在企业内的创业给予支持，一些最优秀、最聪明的人员离开公司，意味着企业总有一天会停滞、衰退。这无疑是中小企业的一个巨大损失。要避免这种情况的发生，就必须营造一种宽松的"内创业"环境。不要干预过多，要鼓励创新。任何新尝试或创新，在开头时总难免有些凌乱。应该尊重和允许员工自作主张。

5.3 好企业放眼量，大胆出击闯市场

　　随着全球开始步入信息化时代，"走出去"正成为许多企业谋求发展的策略。如果说中国市场是"海"，那么世界市场则是"洋"。地球村是大家的。当今全球各地，都有中国商人奔波的身影，已经做大的企业正在大力拓展国外市场，作为自己的新领地。今天，中国不少产品在世界市场已经拥有强大的竞争力，"中国制造"已成为影响世界的重要力量。随着全球化竞争的日益激烈，中国企业不能被动"守业"，而应主动出击，走出国门，寻找商机，不断拓展更加广阔的天地。

■ 立足国内　瞄准国际

　　中国企业首先应该在自己的地盘上占有一席之地。既然人家来到了自家后院安营扎寨，甚至唱起了主角，我们必须从容应对，夯实基础，免得在自己的地盘上都受制于人。在种好自家地的同时，我们应当积极开展国际投资与贸易活动。和强手比赛，竞技水平才能提高。

　　中国优秀企业需要走上国际舞台。无论规模大小，都

可以开展一定程度的国际化经营。只是需要根据自身的特点和实力，采取步步为营的方针，分阶段地拓展国际运作的空间。各种各样的机会层出不穷，首要的是企业家们要有全球化的思维。

澳大利亚著名管理咨询专家詹姆斯·莱伯特认为："国与国之间的壁垒正在坍塌——经理人要掌握怎样开展全球性工作，具有全球性思维，即使他们不离开办公室半步。"

国际化的通常方式和步骤，一般要经历几个阶段，才能够做到位。

第一个阶段是通过产品出口，以了解目标市场。第二个阶段是物色合适的海外代理商，借助其现成的网络放大自己的力量。第三个阶段可以建立自己的海外销售子公司，直接探听市场和竞争对手的虚实。再后一步择机在海外合适地点投资建立子公司，必要时可以通过并购方式吃掉国外现成企业，一步到位。

名人名言

我们所有的布局都是以国际化为前提考虑的。今后的5年，是中联走向国际化的5年。我自己的梦想是，10年后，中联可以进入全球排名前10位，每年就可以为国家带来几百亿的财富。

——中联重科董事长　詹纯新

从战略上讲，国际化是中国企业未来发展的必然选择，市场竞争从某种意义上讲就是国际化的竞争、但这并不意味着企业可以放弃国内而只注意国外。对此，TCL集团的目标是：一半在海外，一半在国内。

不管采用何种方式和步骤，无论多么艰难，在全球化的今天，中国有一定实力的企业都应该积极探索国际化经营，立足于本国市场，但也要谋求"决胜于境外"。实干家们往往最先通过自己的探索来摸清门道，而非先啃教科书，因而得到的体验更为宝贵。

经验同时也来自于教训。奥康曾在美国和印尼分别开了两家和一家专卖店，但没有一家是成功的。奥康集团有限公司董事长王振滔明白，还没有到在海外开专卖店的时候，他放弃了这一进军海外市场的模式。很多企业走出去以后的确做得不错，可是却把国内市场丢了。"这就好比丢了自己的红烧肉，去外面啃排骨。"在他看来，目前国内市场这块"红烧肉"与国外市场那块"大排骨"要统筹经营，因此，这几年奥康的重点还是要稳定国内市场，在达到对国内市场份额有所控制的同时，再去"啃排骨"。

企业要走出去，需要有国际化的良好心态与策略。著名经济学家汤敏谈到中国企业国际化道路应汲取的经验教训时说："走出去一定要有一个阶段性，不是一步就跨出去进行投资，这样失败的可能性非常大。如果一步就跨到建立海外子公司，你不熟悉当地的市场，当地的市场也不熟悉你的产品，在海外也没有销售的代理商，这样失败的可能性非常大。所以这些企业如果要走出去，应该走到你的产品已经在当地有市场，你在当地已经有团队的市场中去。如果还没有这些，我们可以先建立产品出口市场，先把你的产品打入那个市场去，先建立海外代理和销售子公司，然后再探讨对外投资，不要过快、过急。"

还需提醒的是，中国企业在参与全球竞争、开展跨国经营的时候，还是要注意坚持一条基本的战略原则：集中力量。《孙子兵法》中，孙子精辟地阐述过集中优势兵力的战略原则，毛泽东的游击战争思想更是把这一原则发挥到了极致。这一用兵原则对于中国企业参与全球竞争的启示是：要首先选准自己的主攻方向，营建局部优势，并凭借这种不断增强的优势逐步克敌制胜。

当然，崛起中的中国企业在国际商场竞争中，也会遇到一些麻烦，这很正常。中国商家跨出国门做点生意，尤其当要做点大生意的时候，总难免遭遇意想不到的阻碍。别人在中国地盘上轻而易举可以做成的一些事，等到中国人到人家地盘上如法炮制时，往往会碰得头破血流。这尤其表现在大型企业并购方面。当有中国企业想"吃掉"外国某个庞然大物时，却有了"威胁产业和经济安全"的嫌疑，甚至国会都要直接干预。这些都是中国企业走向国际交的学费，当有朝一日我们一方面增强了实力，另一方面熟悉了国际规则，摸清了国际市场的门道，并凭借强大的国力支撑，这些问题就会迎刃而解。

■ 借船出海　经营全球

改革开放30年以来，中国企业实际上一直在与国际商界打着交道。从单纯进出口到"三来一补"，再到自己走出去闯世界。

"借船出海，借力使力"，曾是许多小企业壮大自己的有效途径。无数普通企业借助国内外贸易渠道，主要通过接单与出口，间接地与国际市场打交道，并且越学越精明。义乌就是最佳例证。浙江义乌商人现今可以足不出户，"买全国，卖全球"，做起全世界的生意，闻名天下。

浙江人捕捉商机的本领令人叫绝。当欧元问世之后，在欧洲经商的浙江人发现欧元面钞尺寸要大一些，原来的钱夹不好放，就专门设计了欧元皮夹让老家来生产。现在，欧洲市场到处是浙江人发明的欧元皮夹。

哪里有商机，哪里就有浙江人；哪里有浙江人，哪里就有红火的专业市场。据统计，目前浙江省在外务工经商的人员达到200多万人。全国各地仅"浙江村"、"温州城"、"义乌路"、"台州街"等就有100多个。浙江人经商，一分钱不嫌少，10万元不嫌多。如今，浙江商人满世界跑，浙江小商品满世界销。

江苏"好孩子"集团则通过国外中间商将产品成功地推向发达国家市场，并占据了其大半江山。

美国《财富》周刊2002年6月刊载了一篇长达8页的报道，对我国江苏的一家企业——中国好孩子儿童用品集团给予褒扬，同时对该集团总裁宋郑还开拓国际市场的成功秘诀进行了分析介绍。据悉，《财富》如此关注一家中国内地企业尚不多见。

之所以赢来关注，是因为"好孩子"在美国市场创造了奇迹。据报道，"好孩子"品牌的产品目前在美国已家喻户晓，不仅占有着美国手推童车市场的1/3，其儿童自行车、可移动小座位、婴儿用围裙、婴儿摇篮和其它童用产品更占据了美国市场一半以上的份额。2008年，该公司在国际市场销售了100万辆童车，数量虽只占总销量的一半，但销售收入和利润却占到了2/3。

当一些企业在出口竞争方面总是运用"低成本"策略时，"好孩子"集团总裁宋郑还却坦然告诫，切莫把低成本当作"核心竞争力"。而他的经验之谈是：时刻考虑消费者的需求，生产消费者喜欢的东西，产品自然就有了竞争力。而在回答记者关于如何开拓美国市场的提问时，宋郑还竟称："不必建立自己的销售网络。因为美国是个成熟的市场经济社会，商业分工很细。因此，产品出口美国最重要的是在美国找到具有较高信誉的中间商。"

有些颇具实力的较大型企业，通过多年出口外贸的历练，胆子逐渐大了起来。这些企业往往在外贸体制改革的早期就获得了进出口权，加入WTO后则更可以自营自家产品的国际贸易。不仅如此，一些企业比如浙江的万向集团还通过直接投资建厂，打入发达国家市场。

资料链接

鲁冠球大胆"放马"美国

万向集团公司初创于1969年，从4000元资金、7个人的铁匠铺起家，现已成为一家拥有员工数万名、资产近200亿元的现代企业集团。2002年万向控股、万向钱潮、万向集团分别按40%、30%、30%的比例投资组建万向财务公司。在国内，万向参股、控股的金融机构6家，直接或间接控股的上市公司10家，在海外则设立了万向美国制造基地。

"我们是从出口产品开始的。"鲁冠球回忆往事，道出了一个坚定的信念："要想绝处逢生就只有出口，因为国际市场不讲'出身'，只认产品！"

他确信："产品有了市场，企业才能生存。""赚外国人的钱才是真本事。"

1969年，浙江省的一个乡间小镇上，7个人，4000元钱，开张了一间铁匠铺。

1984年，他们生产的万向节等汽车零部件产品开始出口美国。

1986年，国家批准万向有自营进出口权，从此万向义无返顾地走了出去。

1994年，万向美国公司成立，此后美、英、德、加等7国拥有了17家公司。同年"万向钱潮"股票在深圳上市交易。

1995年，万向美国公司在以赛马著称的肯塔基注册成立时，当地同行挖苦说："你们不如在肯塔基养马有前途。"

万向美国公司是美国中西部发展最快、规模最大的中资企业。

截至2000年，企业完成营业收入68亿元，利润5亿元，出口创汇1.34亿美元。

（摘选自浙商网2008年5月30日，原题为：30年30事这些在浙江人心中最解放思想）

目前，中国已有一批实力增长迅速的企业致力于打造自己远航的"登陆舰"，比如华为、海尔、三一重工、雅戈尔集团等或直接投资于美国建立工厂，或大手笔购并美国知名企业等方式，打入国际对手的核心地盘。

还有，联想集团近年来凭借"技工贸"全套硬功夫直接投资于国外，抢占国际地盘，"外线"反击保家园。2005年3月，联想收购美国IBM个人电脑业务，成为世界第三大个人电脑企业。这都表明，中国的好企业，正在以创新大创业之态，闯荡国际市场。

■ 眼观六路　"观"风使舵

受世界金融危机和经济衰退的影响，中国出口企业受到了重大打击，尤其是沿海地带的外向型企业。为了应对外部危机的冲击，继续保持经济平稳较快发展，中国采取了以扩大内需为主的总体战略。

但是，中国企业的国际化不能停顿。不仅要能生存下去，还要能迎难而上，继续走向世界各个角落，积极开拓国际市场。小企业更要发挥船小好调头的优势，"观"风使舵，转危为机。

面对不利的世界经贸气候变化，中国优秀企业正在调整自己的航向，有信心顶住风浪前行，最终成为世界级的好企业和大公司。

> **资料链接**
>
> ### 南存辉：听中央的，看欧美的，干自己的
>
> 南存辉，现任正泰集团董事长兼总裁。他艰辛创

业，瞄准国际市场，打造低压电器知名品牌，是温州二次创业的杰出代表，由他率领的正泰集团从一个家庭作坊迅速发展壮大成为大型现代企业集团，被誉为"温州模式的缩影"。其不凡经历和业绩，使之成为"新温州模式"的积极探索者和杰出代表，被誉为"中国新兴民企代言人"。

他领导的正泰集团始创于1984年7月，现辖6大专业公司、50余家持股企业、800多家专业协作厂，并在全国各地设有2000多家销售公司和特约经销处，在国外设立了5家分公司和30多家销售总代理，产品畅销世界70多个国家和地区。主要生产经营高低压电器、输配电设备、仪器仪表、建筑电器、工业自动化、汽车电器等100多个系列、5000多个品种、20000多种规格的产品。集团综合实力已连续多年名列全国民营企业500强前茅，系中国低压电器行业最大产销企业。

在今天，我们不能仅仅满足于引入了多少外资，赚取了多少外汇，而应当通过开放，形成倒逼机制，引导企业走自主创新道路，培育国内企业的核心竞争力，支持国内更多的国企、民企大步走出去，更好地参与国际竞争。他认为，走出去才是开放的根本意义。

多年前，南存辉对正泰员工说过一句话：烧好自己那壶水。这些年来，这壶水从家庭作坊式的"灶膛间"

烧到了城里的"老虎灶"，后来又烧到了国外大市场。水温还可以，火也挺旺的，目前的四个转型正是为了让我们在成长中更好更快地成熟起来。

而只有不断成熟起来，中国民营企业的市场空间才能打开，才会在风云变幻面前处变不惊。这正如一句西方谚语所说："最好的防弹衣，是永远在射程之外！"

（据搜狐财经2008年9月11日转载，来源：《中华工商时报》）

未来新的一个30年，中国将会有越来越多的优秀企业成为世界级公司。我们有理由相信，只要我们不断推动全民创业浪潮，在以后的若干年之内，我国会有越来越多的"中国型企业"变身为"世界型企业"。这样的企业将来不但对中国发展有大贡献，更会对世界繁荣发展有大贡献。

中国企业，加油！

专家点评 *ZHUANJIA DIANPING*

中国经济能否在全球崛起，取决于中国企业能否在全球崛起。在世界金融危机对中国的影响逐渐显现的今天，推进企业创新、创业意义重大。大企业创业难，能够取得今天的成功更是难上加难。大企业要避免"大企业病"，就要加强学习、搞活体制机制、重构企业管理制度和组织架构，以提高应对国际风云变幻的能力，进而经营天下，为国争光。中小企业要充分发挥船小好调头的优势，紧跟市场需要，做出特色，求新求变，才能在激烈的市场竞争中站稳脚跟，取得进一步的发展。对于中国的优秀企业，在经过各种环境的锻炼以后，能够真正成长起来，就应该利用这次国际金融危机，勇敢地走全球化发展之路，走向世界，走向强盛。

深度阅读

1.《中国企业怎么走出去？》，《人民日报海外版》2009年4月16日。

2. 吴建国、冀勇庆：《华为的世界》，中信出版社2006年版。

3.《洛克菲勒留给儿子的三十八封信》，中国妇女出版社2004版。

6

科学发展
——全民创业成潮流

科学发展观，第一要义是发展，核心是以人为本，基本要求是全面协调可持续，根本方法是统筹兼顾。

——胡锦涛

　　改革开放打开了解放生产力的大闸门，充分释放出生产力中最活跃要素——人的积极性，中国人民的创业热情有如滚滚春潮，奔涌而出，形成不可遏制的时代主流。创业是人民致富的根本，是祖国强盛的动力。可以说，中国30年改革开放的历程，就是鼓励全民创业的过程，就是鼓励、引导和支持"百姓创家业、能人创企业、干部创事业"，为富民强国、振兴中华而万众奋起的过程。

　　中国未来30年，是一个极好的发展机遇期，也将是最适合大众创业的黄金时代。"全民创业"将成为时代主旋律，将对中国经济产生持久的推动力，加速民众"富起来"的进程。各类创业者八仙过海，各显创富神通。中国的大创业浪潮，一浪高过一浪。在这前所未有的历史大潮中，正应顺时而起，放胆搏击，追求成功，让梦想成真。不要彷徨观潮，坐失良机。勇立潮头，搏击风浪，降风伏雨，何其壮哉！

6.1 创业致富，社会观念大变革

识时务者为俊杰，早日准备创业，及时投身创业，将是新一代聪明人的明智选择和积极人生。英国杰出经济学家约翰·梅纳德·凯恩斯说过，发展新观念并不太困难，难的是如何摆脱旧观念，规划未来的人生道路，迈开创业的新步伐！

■ 改变"官"念　崇尚创业

创业是受观念和利益驱动的，观念对创业至关重要。观念决定行动，思路决定出路。只有打破固有观念，才能开辟创业之路，为自己和社会创造财富。实现人生价值的完美创造，应当是每一位有志之士的选择。

人生一世，置家业，干事业，办企业，算是广义上的创业。而创办企业，带动就业，贡献税赋，为社会直接创造财富，更凸显创业的特质，是更富挑战性的创业。有统计表明，一个人创业，平均可以带动5个人就业，而且，只有通过创业，个人才能拥有更多的财富。

创业这么好，为什么创业的人很少呢？除了资金、技术等客观原因，除了创业确实困难、充满风险外，主要是观念。有的人从货郎担做起，从小作坊做起，一开始也没什么条件，但最后做成了大企业。而不少人，没想过或没有认真想去创业，去挖掘自己的第一桶金。想都没想，缺乏创业的观念，怎么会去创业，又怎么可能致富呢？

名人名言

对于创业，通常人们认为只有那些白手起家、通过多年打拼把企业做大的企业家是创业英雄。其实，这只说对了一半。如果按照你们的理解而言，在中国逐渐融入全球市场的今天，在信息科技异常发达的今天，在崇尚自主创新、机制创新的今天，仅仅有白手起家型的创业英雄是不够的。

——伊利集团董事长、总裁 潘刚

大多数人只有就业观，没有创业观。满足于"有工可打，有事可干，有地可种"。再高一点，能当个官，有一份满意的工作，享受不多不少的"二次分配"，打打麻将，也就心满意足了。一个地方这样想的人越多，创业的人越少，这个地方发展就越慢，大家只能过紧日子了。

创业，是一个有志向的人走向财富的必由之路。比尔·盖茨19岁时和朋友创建微软，上哈佛大学的他，没等到毕业就去创业。2008年6月27日，盖茨宣布退休，将身家580亿美元全部捐出，用于慈善事业。从创业到世界首富再到把全部财富献给社会，他的事迹感动了世界。

尽管国人正在觉醒，而且创业的浪潮一浪高过一浪，但是今日之中国，社会上还存在着五大不利于全民创业的观念，要有针对性地采取措施，打破旧观念的束缚，引导人们积极行动起来，投身到全民创业的洪流中去。

"一夜暴富"观念：企图快赚钱、大赚钱、轻松赚钱。跟风学步，从众追热，盲目浮躁，误入歧途。

"玻璃温室"观念：满足于现在还有一个好单位、好职位。以为高学历、老资历一定保险。以为打工比自主创业、经商做老板或当创业股东要安稳。这种求稳怕变的思想其实很可怕。

"靠山"观念：坐享上辈之成，不愿自我奋斗。指望长期享用社会福利而不去辛勤劳动，或依赖父辈积累甘当长期"啃老族"。一些年轻人可能在遇到求职挫折之后，干脆就躺在前辈的积累上"啃"个没完，充当坐享其成的"食客"！

"今朝有酒今朝醉"观念：打发日子，过度休闲。改革开放30年以后，许多人已经不是休闲不足，而是"休闲过度"了！麻将馆开遍城乡，打牌成风，沉迷玩乐，甚至有干部上班竟把牌局搬进了办公楼。有些"先富"者则沉溺于打高尔夫，甚至出国赌博。如何激发创业动机，如何保持创业热情，已成为当今新的课题。

"人才优则仕"观念：最近一些年来，国家和社会对冒尖的人才厚爱有加，职称职位和荣誉地位给到顶后，一些地方似乎还嫌不够，往往非要再给顶官帽戴戴，才算是重视人才了。结果"光环"效应强化了整个社会的"官本位"意识，使年轻专业人才热衷于奔"红道"做官，却淡化了对专业技术的不断追求。这种"官本位"意识，积习难改，自古以来莘莘学子追求的就是"学而优则仕"，为官为宦，衣锦还乡，成了十年寒窗的唯一奋斗目标。

改革开放30年以来，中国社会的"官本位"思想在经受短暂的冲击后，近些年又出现了一个大的返潮，从报考公务员的火爆场景就可见一斑。当前的"公务员热"，大学生千军万马争当公务员的现象究竟意味着什么？公务员待遇优厚且人前显贵，可名利双收，还没有风险，自然而然成了大学生的就业首选。

落后的"官本位"意识，冲淡了全民创业的彩色画卷。当然，我们不应过多地指责大学生争当公务员的动机，而应从体制与机制方面去理性地分析，从中找出改变这种状况的办法。

创业是世界发展的大势所趋。中国人只有打破旧有观念，才能轻装走上创业之路，自立于民族之林。

■ 没有创业 岂有就业

改革开放30年以来，中国社会已经发生了历史性的变迁，全面进入了以发展经济为主导的全民创业大时代。政府的重要工作是推动和支持全民创业。

近年来，由于经济结构的升级和资本有机构成的提高，我国经济增长吸纳劳动力的作用有所减弱，"九五"时期国内生产总值每增长1个百分点能带动90多万人就业，"十五"时期下降到还能带动80多万人就业。因此，在当前的经济结构下，即使保持同样的发展速度，仅仅依靠经济增长来扩大就业，显然是不够的。尤其是在我国加快转变经济发展方式，提高自主创新能力的情况下，更要强调以创新带动创业，以创业带动就业，形成发展经济与扩大就业的良性互动。劳动者在创业的时候，不但解决了自己的就业问题，还可以通过合伙创业、组建公司等方式带动更多的人就业，培养和造就更多的创业主体。在国有企业下岗职工分流时，许多下岗职工不是等着国家或企业给自己重新分配岗位，而是勇敢地走出去，艰苦创业，不但自己当上了"老板"，还带动或帮助一起下岗的职工实现了再就业。劳动保障部门近年来组织创业培训的实践证明，在目前我国的经济结构下，1个职工创业一般可以带动5个职工实现就业。

资料链接

统计数据显示"创业难"

根据国家统计局的普查，我国每千人拥有的企业数量只有2.5个，比一般发展中国家还少22—27个。企业数量少，就业的容量当然也就小。目前，无论是学有所长的大学毕业生，还是从农村转移到城市的年轻打工者，就业时多数都托亲靠友，希望能找到一份稳定的工作，较少有人主动地去创业、去办企业。教育部统计表明，2005年自主创业的本科毕业生只占毕业生总数的0.4％。北京作为全国的"人才大本营"，在2006年17.5万名高校毕业生中，选择自主创业的也仅有146人，不到毕业生总数的0.1％。这表明我国新成长劳动力的创业精神还很不适应扩大就业的要求，必须鼓励全社会劳动者，特别是精力旺盛的青年人大胆创业。

我国人口多，就业任务重，解决好就业是我们必须长期面对的重大民生问题。扩大就业，就要营造良好的创业环境，形成浓厚的创业氛围，开展多彩的创业活动，鼓励更多的人去创业经商，以各种合法方式创办企业，并且力求把企业办好、做大。在市场经济时代，个人发展也需要转轨，逃避竞争意味着优先淘汰。"进攻是最好的防御。"识时务者为俊杰，顺大势方为强者。

为了促进以创业带动就业，要完善支持自主创业、自谋职业政策。政府要从鼓励劳动者创业出发，在税费征收、小额贷款、社会保险补贴、经营场地、工商管理等方面给创业者提供更多的方便，降低创业门槛，减少创业成本和风险，加快制定面向全体城乡创业者的优惠政策，扩大扶持创业的范围，营造良好的创业环境。

要加强就业观念教育。随着国有企业改革、经济结构调整和事业单位分类改革的深入，非公有制经济组织和灵活就业越来越成为扩大就业的主渠道。劳动者要主动适应就业方式多样化的趋势，通过劳务派遣、家政服务、承揽大公司的外包业务等多种形式，或实现就业，或组建公司去创业。

要健全面向全体劳动者的职业教育培训制度。创业培训是职业教育培训的重要内容，对提高劳动者的创业能力起着积极的促进作用。要拓展培训内容，创新培训方式，努力提高创业培训的成功率。

让我们成为勇敢的创业者吧！

■ 公仆归位　老板走红

要想顺利推动全民创业行动，必须要有一个良好的创业平台，一个良好的创业环境。这个平台靠谁来构建？这个环境靠谁来优化？必然是我们各级党委、政府和有关部门，首先是我们各级干部。这便是全民创业所要求的干部创事业。所谓干部创事业，并不是让干部个人去发家致富，更不是通过不正当手段谋取一己之利。干部创事业，这个事业就是为广大创业者服务，为经济社会发展做贡献。在当前推进全民创业的历史新时期，广大干部要"归位"，做好公仆应该做的工作，切实为广大创业者服务好。

公仆"归位"首要的就是要优化好政务环境，为创业者营造良好的创业环境。政府要坚持依法行政，提高执行力，才能为全民创业营造一个开放的发展环境。政策环境是创业的"晴雨表"，法制环境是创业的"温度计"。推动全民创业，政府的首要任务是提高执行政策的能力，要坚持以发展为第一要务，始终把发展作为政府工作的永恒主题，一切经济工作都必须围绕这根主线，找准全民创业的着力点，确保党的富民政策落到实处。

与此同时，政府要坚持依法行政，遵循职权合法、行为合法、程序合法的原则，切实按照"秉公执法、依法办事"的要求，进一步改进政府工作，进一步规范政府部门的执法行为，坚决纠正和制止政府部门化、部门利益化倾向，充分发挥人大、人民团体的作用，使政府的行政自觉置身于法律和群众监督之下。要以是否有利于和谐创业、是否有利于科学发展为标准，对一切与全民创业背道而驰的不法行为加大查处打击力度，让创业者尽心创业、放手发展。

公仆"归位"还要营造良好创业舆论氛围。要利用各种媒体和多种形式，积极营造想创业、敢创业、能创业和崇尚成功、宽容失败的社会氛围。要充分发挥舆论的导向作用，大力表彰优秀的创业者和为社会做出贡献的企业家，大力宣传全民创业和中小企业成长的典型事例，真正形成政府鼓励创业、社会支持创业，民众积极创业的良好发展氛围。

当政府为广大创业者创造了优良的创业环境和氛围以后，接下来就是"老板们"的春天了。

从20世纪90年代起，中国进入了快速发展时期，一个经济突然加速发展的国家到处有发展发财的机会。同时，中国各地竞相出台了鼓励创业的优惠政策，许多人选择了自己创业当老板的发展道路。

据中国新闻网报道，英国福利制度将经历60年来最大刀阔斧的改革，那些长期领失业救济金的人，将被迫工作以换取救济金。英国工作和养老金部长珀内尔说，他希望协助那些领取政府救济金的人回返工作岗位，而不是长期依赖救济金过活。再说，"水涨船高"，社会生活水平在不断提高，谁能甘于贫困落伍？

为如何打发日子而发愁，最终难免为谋生计而发愁。激励自我，追求更高的生活品质，成为创业的参与者、实践者。

官越来越难做已是社会趋势。如果认为非得进公务员队伍不可，好像只有那样才能发挥出自己的才智，体现自己的社会价值，那就过于狭隘了。如果千军万马挤走独木桥，考上公务员，很有可能个人和社会的路都会越走越窄。另外，"当官发财"的企图更是误国害己。"心术不正"，以权谋私，终难逃东窗事发，落致身败名裂，岂不可惜了人生一遭！

因此，要倡导优秀人才和社会精英，去掉官本位意识，投身创业。加入WTO标志着中国正式开始全面融入世界市场经济大潮流、大体系之中。因此，国家要采取有力有效的措施，积极引导社会精英投向创业，而非全民赶考，精英做官。

曾经有人采访一些成功的企业家，问他们"市长和企业家，你挑前者还是后者"，他们清楚地知道自己到底需要什么，所以他们几乎一致地给出了"当一个企业家"的答案。"做一个老板能很切身地感受到，所做的一切都是在为自己努力。即使非常辛苦、卖命地工作，也能在取得成绩后很快体会到一种成就感。"他们认为，当市长的感觉肯定没有当企业家舒服。因为前者要受许多约束，不太自由，而且工作很辛苦，要处理的东西太多。同时，受访的企业家们也表示，在沿海发达地区，政府行为相对来说已经比较规范，企业发展环境也比较宽松，这对他们来说，在政治上寻求保护伞的需求就不存在了。因此综合考虑下来，还是当一个"企业家"好。

当代大学生尤其要树立创业理想，学会规划成功人生。高等教育"大众化"后的大学生，在这种既有挑战又有机遇的时代背景下，早日树立起创业的理想，立足长期准备，已成为必修课。国家和社会迫切需要越来越多的人投身到开发实业的第一线，积极把企业做好、做强。创业成功了，既能充分实现个人价值，又能为社会做出较大贡献，同样是辉煌潇洒的人生。

6.2 勤劳致富，首选创业金光道

发家致富，过上美好生活，是绝大多数人的梦想。那如何让钱包鼓起来让美梦成真呢？买彩票中大奖概率极小，搞赌博无异于与虎谋皮，铤而走险抢劫偷盗，那更是自毁前程。怎么办呢？只有创业，才是发财致富的金光大道。

■ 君子爱财 创业为上

追求财富、成功和幸福，不但是人类天生不可剥夺的权利，而且是与生俱来不得放弃的责任和义务。这个世界是富裕充足、应有尽有的。处处多钞票、时时有机会、行行出状元。只要我们遵守成功的法则，通过正当的途径去创业，那么，财富对个人来说是取之不尽用之不竭的。

生而贫穷并无过错，死而贫穷才是遗憾。尤其是终其一生，无力消除贫穷创造财富，更是不可宽恕的。贫穷是一种疾病、一种恶习，如果不是由于懒惰，就是由于无知，最坏的是莫过于两者皆具。所以贫穷不仅是口袋空空，而且是脑袋空空。

君子追求财富，无可厚非也是理所当然，而首选就是创业。消灭贫穷和创造财富，是我们在现代社会里的每一个人责无旁贷的要务。

撕开数千年中国传统官僚文化的面纱，"老板文化"借改革开放的一声春雷，闪现于现实生活，成为当今流行文化的一大亮点。"老板"，这个字眼已泛化到生活服务业对每个顾客的称呼。而中国，也在不知不觉当中，形成了一个社会广义的"老板文化"。百姓心中向往的，就是有朝一日自己能当上"小老板"，能当上"大老板"更妙。

有关调查表明，对于达到"财务自由"途径的选择上，有2/3的受访者认为"创业，自己做老板"是最有效的方法。

创业问题是不少敢于冒险的年轻人要面对的问题。大家知道，不少富翁和企业家都是通过下海做生意赚取了第一桶金，所以说，创办自己的生意是创造财富、积累财富的一个重要法门。

有统计证明，自己创业当老板，成为百万富翁的几率，比工薪阶层要大4倍。工薪阶层的收入决定于雇主愿意给多少，自己创业的人如果精明能干，可以大展宏图。《白手打天下》的小册子，其中有一句话至今让人记忆犹新："工资只能使你安全地生活，如果要想真正成为富翁，就必须把自己投入到变幻莫测的市场中去。"

名人名言

我们创业的时候没有想到去赚钱，所以有了钱以后也没有说是达到目标。赚钱不是我们创业的原因，也不是我们到现在该走还是不该走的原因。有了足够的钱财，真正的好处就是给我个人足够的时间，足够的能力去真正做我想要做的事情，我喜欢做的事情。这些事情还是雅虎。

——雅虎总裁 杨致远

中国人民大学社会学系郑也夫教授这样分析人们关注富人的心理："排名实际上在向人们透露崇尚财富、追逐财富，从个人财富的积累过程中得到启示的信息。从大众心理分析，人们总是想知道别人有多少财富，因为每个人都需要通过以他人作为参照系来给这个社会分出层次，当然钱是一个指标。"

当代青少年主流的人生追求和理想是做成功企业家。他们普遍最崇拜爱因斯坦式的科学家，"追星"不过是一时冲动而已。他们最向往成为比尔·盖茨一样的大企业家。与以往的人们不同，他们人生理想更趋向务实，"含金量"更高。

著名企业家曾宪梓在与贫困大学生倾心交谈时说，"贫穷并不可怕，只要有志气和信心，就一定能够战胜它"，"勤劳可以创造财富，节俭可以积累资金"。曾宪梓先生的这番话，可以说是他创业致富的最深感触。

先苦后甜者懂得金钱财富的作用，也懂得劳动和奋斗的意义。

徐少春：从每天5元生活费到亿万富翁

他，家境贫寒，以至于高中时只能用咸菜萝卜、萝卜咸菜的无穷反复点缀自己的餐桌。他在课桌的左右两角分别刻下"金钱在向你呼唤"、"美人在向你招手"，这也许是那时一些学生求学的动力。20年后，他创立的金蝶软件集团成为在香港创业板上市的第一家内地民营企业，并且今天已经发展成为拥有近50万用户的亚太地区领先的管理软件企业。

"人造卫星在天空中放的音乐东方红就是计算机唱的。"立志要当文学家的他，只因为哥哥说的这句话就糊里糊涂放弃理想进了计算机专业，"坚持"成了他的口头禅。20年后他创立的公司成为国内财务软件领域的南北双雄之一。

30多年前，徐少春对母亲说："我长大要做钱的主人，不要做钱的奴隶。"

　　几年前，当金蝶拥有了几十个百万富翁时，徐少春说："金钱是财富的一种表现形式，只有当它是能给社会带来价值的资金或财产时，才能成为财富。"

　　　　　　　（来源：世界经理人商业频道2008年1月23日）

　　当今社会发财之路有千万条，千万不要走歪道误前程。如果想要发财致富，千万要远离"传销"这一经济邪教。即使是买彩票，也权当碰碰运气和献献爱心，决不可倾家而致荡产。

　　根据有关报道，2004年初以来，非法传销出现反弹势头，传销人员呈低龄化趋势。其中，在校学生、应届毕业生的比重日渐增大。据了解，受过良好教育的大中专学生，之所以陷入非法传销的泥潭，主要是受"好工作"的诱惑。在传销组织者的巧言蛊惑下，一些学生怀着"创业、就业"梦想，加入了传销队伍。然而，等待他们的却是一个个精心设置的圈套与骗局。

　　因此，想要发财致富千万不要走上非法传销之类的不归路，要走就走创业发家这条金色阳光主干道。

■ 创业致富　正当其时

　　当今世界上的大富豪，多数最初也是普通人，通过创业发家致富，建立了自己的事业。而当今中国，正是创业致富发大财的大好时期。

《福布斯》杂志公布的2007年全球富豪榜显示，尽管富豪们敛财的方式多种多样，但创业是当年榜单上富豪们的共同特征。榜单显示，60%入榜富豪的财富是靠着创业有成换来的。排名前十的富豪中，仅第十名加拿大的戴维·汤普森家族是继承遗产，其余9人都是创业致富。《福布斯》杂志全球版副主编、上海分社社长范鲁贤说，60%入榜富豪的财富是靠创业有成换来的，他们的创业精神将激励众多年轻人，社会也能从这种积极的心态中获益。

当今中国是世界上创业机会最多的国家之一。全球富豪榜中富豪的创业故事，可能成为创业者或未来创业者学习的榜样。我们可以看出几乎所有富豪的成功模式都是一样的，即抓住各种机会勇敢创业，再通过自己的努力不断积累财富。因此，在中国目前的环境下创业，正是抓住了能相对容易和快速地积累财富的机遇。

目前中国经济的迅速发展，为人们提供了大量创业机会。政府出台了一系列鼓励自主创业、自谋职业的优惠政策。比如各级政府对创业者放宽市场准入，除国家法律、法规明令禁止的投资领域外，所有领域创业者都可以平等进入。同时，对各种行政许可收费项目进行清理，能取消的审批事项坚决取消。如申请个体工商业、创办合伙企业或独资企业登记，一律不受出资额限制；创业人员从事个体经营给予免费办理有关证照。各级政府还给予创业者财政扶持、税收优惠和金融支持。这些措施的实施，大大激发了广大创业者的创业积极性，同时也发挥了创业的就业倍增效应。

同时，不少创业领域出现"山中无老虎"的局面，尚无竞争对手，甚至存在尚待开垦的创业处女地，这都为迅速致富留下了空间和机会。另外当前形成了一种鼓励人们创业、支持人们创业的社会氛围，放手让一切劳动、知识、技术、管理和资本的活力竞相迸发，让一切创造社会财富的源泉充分涌流，以造福于整个社会。

中国的创业者们，加油！

而在欧洲、日本等发达国家，经济的各种法规制度已经非常健全，如果没有新的产业出现，在那里创业并迅速积累财富的可能性已经不大。

在中国，每一个普通百姓都有发家致富的祈盼。可以这样认为，发财之心，人皆有之。孔子曾经说过，"富与贵，人之所欲也"，"不义而富且贵，于我如浮云"。

"拜年啦！""恭喜发财！"财神爷是家家供奉的一尊神，都反映着在现实中，百姓最希望能有"更多的钱"。"拜年"的祝贺语，最传统也最流行的就是"恭喜发财"。

2004年的春节前夕，联合国秘书长安南，为庆祝中国农历新年，曾发表了电视录像讲话，高度赞扬了中国改革开放所取得的伟大成就，最后，他祝愿中国人民春节快乐，并用汉语祝福中国人民"恭喜发财"。

2008年新春佳节时，外国媒体纷纷报道说，越来越富裕的中国人民在爆竹声中辞旧岁，欢天喜地过春节。美国《匹兹堡新闻邮报》就说，中国人的春节相当于我们的感恩节、圣诞节、新年、生日和复活节的总和。在中国，庆祝活动要持续两周，而中国政府也为此放了三天假。食物、家人和家庭是庆祝节日必不可少的，幸福和财富是节日不变的主题。就连中国人的祝福语"恭喜发财"有时也会被翻译成为英语"祝福幸福，发大财"。

现今社会竞争的压力巨大，造成了普通百姓的创业压力。只有通过创业，才能实现人生价值。现实人生和社会中，财富乃生活的基石。虽说拜金主义要不得，但我们不能一概否定。

自改革开放至今，社会价值观念和社会心态发生了根本变迁，其中对百姓而言，最突出的就是，从谈钱色变，到正视金钱的作用。这是一种积极的社会进步，反映了人们对现实中个人和家庭生活有了更本质更实际的认识，而这正好是市场经济主导世界背景下，现代社会的正常价值导向和人们经济活动的合理取向。

有人说："现在是一个逼你发财的时代。"确实不假！在市场经济条件下，个人和家庭都需要通过自己的打拼赢得更好的生活，而非等待国家和社会的统配了。

据《南方都市报》2008年7月3日报道，"在深圳，月收入5280元的人士算白领"，前日相关媒体公布了这样的标准，在深圳市民和网络上引发热议。"这个标准太低了"，记者采访了深圳和香港的几个家庭，发现这是他们共同的感慨。他们均认为，中国社科院公布的白领工资标准在现实中根本不够花，除去基本的生活开销所剩无几。

■ 小富靠勤 大富靠智

国际知名管理教育家和企业家夏保罗指出：小富靠勤，大富靠智。

中国自古便有"勤劳致富"的文化传统。自改革开放以来，我国各行各业的人怀着这种憧憬开始创业，以自己的勤劳谋求致富，这其中大量的人走上了致富之路。

资料链接

靠头脑、勤劳走上致富路

来到凤城市边门镇代家村，记者亲眼见到五组村民曲中连苦心经营多年建立的"王国"——经营农机打下家底，再通过经营山上放蚕、山下牧羊、园中板栗、水中养蟹这一连串的投资少、来钱快的小项目，形成一个农家良性致富链条。人们都说，这闲不住的曲中连就是这样见缝插针、搞多种经营走上了致富路。

2004年初，在农机站同志的宣传引导下，他完成旋耕作业200亩、机械灭茬1100亩，净赚了8000多元。几年下来，曲中连的手里有了积蓄，开始利用农闲时间搞起多种经营。2005年末，曲中连承包了60亩的蚕场，运用以前学到的养蚕知识细心经营，当年就挣了5000多元。与此同时，曲中连引进了20只吃草不吃树的绒山羊，放蚕的同时照看羊群，放蚕、牧羊两不误。随后，曲中连雇人将自己家里荒废多年的25亩板栗园进行了全面的剪枝、施肥、打药，使果园面貌焕然一新，当年就收入了6000多元。2006年，他认准了养河蟹这条好路子，就从家前面不远处的一条无污染的河沟里引水建起了池塘，一次性投资5000元，购入了1万尾蟹苗。

曲中连靠头脑、靠勤劳走上了致富路，在当地有了一定影响，农民买拖拉机、学致富技术都去找他帮忙，他从不拒绝，今年仅代家一个村经他手购入的拖拉机就有6台，曲中连也成了当地的致富带头人。

（ http://news.qq.com/a/20071127/004232.htm ）

勤劳可以解决温饱问题，可以小富。但要大富，就要靠智慧，靠投资。而个人和家庭的"创业"致富之路主要有两大选择。

一是可以选择直接投资。直接投资是指投资者把钱直接用在创业项目上，形成实物资产或者购买现有企业。通过直接投资，投资者便可以拥有全部或一定数量的企业资产及经营权，直接进行或参与投资的经营管理。个人直接创办企业，亲身经营并获得成功，就可以实现立业发大财的愿望。

但是，目前《个人所得税法》和《个人所得税法实施条例》中有关公民个人投资所得的个人所得税负，非常不合理。不仅是个体工商户、独资企业、合伙企业中的个人所得需要承担比高收入工薪阶层更重的高额税负，而且公司企业中的个人投资所得，需要承担双重所得税负，不利于鼓励个人投资、促进社会就业，不符合税负公平原则。我国个税法规定实行分类所得税制，也就是说，个体工商户、独资企业、合伙企业中不能为兼作经营者的投资者计算分发工资、薪金和任何生活费用。个体工商户、独资企业、合伙企业中的生产经营所得全年累计超过5万元的部分，也就是说，每月平均超过4166.67元的部分，税率为最高档35%，而对于拿工资的人来说，只有月工资薪金所得超过60000元部分，税率才会达到35%。因此，政府应减轻个人投资的个税税负，为个人和家庭直接投资创造公平的税收环境，促进个人和家庭的"创业"致富。

二是可以选择间接投资。即从别人那里购买其部分产权（通常只参股，不控股）获取股权即分红权，委托原有管理层经营，只分享其效益，不参与其日常经营与管理。包括了购买公开上市企业的股票并长期持有，做长期投资。这种长期投资活动，与"炒股"类的投机性投资活动是有区别的。

无论个人创业选择哪种投资方式，都不应走歪门邪道，不应企图一夜暴富。

6.3 竞争致富，全球创业大比拼

与中国改革开放30年同期，世界范围的创业活动，也是一波未平，一波又起。尤其是经济大国，更是全民创业的弄潮儿，在政策导向和优惠支持方面竞赛式地争相赶超，从而使全球的创业环境得到很大改善，包括跨国经营在内的创业活动变得日益便捷频繁。

■ 创业热浪 激荡全球

创业就是当今世界最大主题和最大潮流。各国或各个经济体已经认识到，全民创业推动着技术创新，能够提高一国和一个集团的竞争力。新兴企业为社会创造着大量的就业机会，从而推动着经济持续增长。这种形势发展迫使政府转变职能，为国民创业致富而提供必要的、更便利的服务。

欧美国家和地区一直以来都是通过鼓励全民创业来推动国家经济发展与壮大的。尤其是二次大战以来，欧美国家本来都是市场经济很完善很发达的经济体，创业环境比较优良。但是，为了推动全民创业活动更活跃，还在不断地推出新的政策，继续改善创业环境，增强社会的创业动力。

自美国独立建国以来，所谓美国经济就是典型的一种"创业型经济"。为了保持市场的竞争性，政府出台了反垄断法等限制大企业抑制中小企业发展生机的一系列政策和法律，确保新兴企业的创业能量得到释放。美国文化极力推崇创业，美国创业文化的象征就是所谓的"美国梦"。"美国梦"相信即使是社会最底层的人也可能成为最伟大的人物，认为任何普通人通过自我奋斗都可能实现包括发家致富在内的个人目标。美国人崇尚创新，容忍失败，谋求做事快捷胜过完美。

创业成功是美国社会最主流的价值追求。勇敢的创业者就是"美国英雄"。诸如：比尔·盖茨、迈克尔·戴尔、拉里·艾里森等等就是典型代表，受到全社会赞赏，甚至崇拜。

综观美国企业家之所以能形成气候，首要的原因是得益于竞争。在美国，成立一家公司并不难，只要你交一定的手续费，依法注册即可开张营业。各州法律规定不同，所缴执照费也不尽相同。以首都华盛顿为例，注册一家营利性公司的申请费用是250美元，非营利性公司则只要70美元。所以说，办一家公司，当个小老板简直是稀松平常的事。难的是开张后能不能赚钱，如何赚大钱，这就要接受市场竞争的考验。任何企业，只要依法营销，其产品在质量上合乎标准，有客户，有信誉，服务过硬，这家企业就能在市场中站稳脚跟。

欧盟中的一些传统强国都在激励创新创业，又焕发出新的生机。以英法为例，今天，如果在英国投资创业开办公司，企业注册的资本要求只需1欧元即可，申办企业的过程仅一天，费用只相当于一顿午饭的支出。同样，在法国，设立公司的最少资本也只要1欧元。

日本在二战以后，由于资源条件和地理环境并不具备在世界范围内"崛起"的条件，而日本人却创造了"日本奇迹"。这首先得益于日本企业和社会做事极端认真负责，使整个日本社会就像一个整齐划一的机器兵团，行动一致，进退有序。同时，日本企业员工的勤俭节约意识超强。日本的"公司人"的生产效率堪称世界第一，但日本的"公司人"长期居住在狭窄的寓所内，日本人称为"兔子笼"，这些寓所普遍没有客厅，卧室采用的是高低床。日本人富而不骄、精打细算、绝不铺张浪费的勤俭节约意识，是其民族、国家崛起的根本保证。

自20世纪90年代以来，日本为了摆脱经济萧条，特别修改了有关商法，推动民众创业。日本政府已经意识到，激发全民的创业热情是一个十分重要的问题。

不仅仅是主要发达国家创业浪潮风起云涌，当前世界上的新兴经济体，以"金砖四国"为代表，以前因为历史原因未能得到释放的全民创业热情突然迸发出来，有力地推动了经济的发展，民众也开始尝到了创业成功的甜头，成功创业者的"示范效应"正在发生着"传染"作用。

近年来，印度整个国家雄心勃勃，决心依靠"全民创业"实现经济快速增长，成为真正的"大国"。突出的表现有：青年一代热衷学习，积极创业；城乡平民齐创，IT外包业全球独占鳌头，尤以班加罗尔为甚。连美国人都大呼：印度超中赶美的远景真的会出现！

巴西不只是"足球大国"，更是一个与中国有许多相似之处的发展中大国。在"全民创业"方面，也与中国相似，民众创业热情在持续上升，做老板成为时尚。

俄罗斯正处在创业的新黄金时代。不只天然资源产业带动俄罗斯经济成长，金融、信息、旅游、运输等产业更大大提升整体经济成长，创造出空前的新机会，也涌现出一批批新创业家。这些行业的创业活动，带动着俄罗斯建筑、运输、交通、金融及日益兴盛的加工业的高速发展，引领俄罗斯经济近三四年来平均7%的成长。

另外，比如韩国一方面是政府大刀阔斧地对经济和产业政策进行调整，全力应对金融危机；另一方面是像三星等优秀企业大力推进企业创新与"内创业"活动。同时以《大长今》为代表的"韩剧"在全球红极一时，展现了其"创意产业"日渐发达。

■ 全民创业　弄潮中华

因为特定的历史背景的缘故，中国港澳台地区民众的创业热潮已超过半个世纪以上，且与世界各个市场经济的经济体打过几十年的交道，经验已经非常丰富。

中国港澳台地区创业动态，值得关注。最近一些年来，香港特区18至24岁年轻人创业率都超过30%，这是一个颇具代表性的指标。有人说，香港就是一间大公司，谋求利润是它最大也是唯一的目标。就好像发生在19世纪50年代的美国淘金潮，每个香港人也都怀揣着一个淘金梦，希望在这个遍地机会、满地黄金、秩序单纯的经济城市中发大财。他们不断用以激励自己、在绝望中凝望的背影，就是"李超人"。

"只要你努力再加上点运气，不会不成功，就好像李嘉诚。"香港人从前都会这样教仔。"做不了大老板，至少要做只'出色的马仔'"，这就是所谓"香港梦"。香港是一座流光溢彩、活泼无比的城市，这里的人和事也如这座城市一般，没有失败，永不落幕。就像凤凰卫视知名主持人曹景行先生说的那样："40岁还可以从头开始，这就是香港。"

> 另外，据台湾媒体报道，台湾大专生就业调查表明：近半打算为"自己打工"。台湾1980年后出生的应届大专毕业生中，据调查，有13%已决定自己创业，另有33%准备在未来也要自己创业。

在中国内地，创业者上演了一个又一个精彩创业故事。到处都有创业者在行动，在劳作，在奔波，而且已经闯出了大世界。国内外创业大势相互激荡，将会更加促进全民创业的一波波热潮。

不同于以往计划经济的年代，中国改革开放以来，国内外的经济联系越来越频繁，创业大潮也是相互激荡，形成了一种联动的效应。内地和港澳台地区更是如此，经济联系越加紧密，并且出现了经济一体化的新趋向。

目前政府采取了越来越优惠和便利的政策措施，激发创业，让老百姓自己多"造饭碗"，以逐步缓解就业压力。

一直以来，各级政府把重点主要放在调整国民经济结构，改组国有企业，大力招商引资等工作之上，虽然也在鼓励全民创业，但是毕竟是太过分心。而今，各级政府纷纷转移了工作重点，将眼光从接近于恶性竞争的招商引资"优惠政策大战"中，移开到了全力引导激发民间投资创业这一方面来，以至于出现了新的一轮"优惠政策大比拼"。

名人名言

要坚持实施积极的就业政策，促进以创业带动就业，使更多的劳动者成为自主创业者。要健全完善面向所有困难群体的就业援助制度，巩固城镇零就业家庭就业成果。

——中共湖南省委书记 张春贤

2008年全年，各级政府密集出台了大量推动全民创业的优惠政策和举措，攀比似的你追我赶，煞是热闹。比如我国提高个体工商户个税扣除标准至24000元/年。国家还免收集贸市场的管理费等，还利于民。各地政府纷纷推出激励创业的优惠政策和举措，形成一波波的政策热浪。比如2008年9月28日，天津公布了《天津市就业促进条例（草案征求意见稿）》。征求意见稿中对于残疾人、失业人员、自主创业人员等就业困难群体的优惠政策进行了详细的规定。

国家鼓励创业的法律逐步完善。《公司法》修订后已于2006年元旦起施行，标志着真正的百姓创业时代到来了。这将大大提升百姓创业的积极性。新《公司法》正式亮相后，引起强烈反响，这将使年轻的创业者受惠最大。新《公司法》规定，有限责任公司注册资金一律降为3万元，注册资金还可以分期付款：两年内分期支付，首付只需20%。这一系列规定，为公司设立提供了制度上的便利，将会极大地刺激个人、公司创业的积极性。相信随着新《公司法》的出台，中国又将迎来新一轮投资创业的高峰。

时至今日，政策面已经基本到顶，再难有更大的优惠空间可以突破了。政策支持之后，还要看百姓自己的观念更新和理性抉择。当然，依科学发展观来看，全民创业也需要理性地向前发展和深入，并不需要来一个"大跃进"。总的说来，中国最近几年来，自主创业的利好消息接连不断，有关配套措施将更齐全，有意当"老板"的人士顾虑少了，底气足了，迎来了一个投资创业的良好社会环境。百姓自主创业的热情不断高涨。

中国青年看好创业形势，将创造新未来。复星集团董事长郭广昌曾经说过一句话：只有给年轻人机会的社会，才是好的社会。

尝到创业大甜头的先驱者，还梦想着来生再做创业者！

资料链接

柳传志：下辈子我还要做企业

据新浪网2008年4月28日转载《中国青年报》文章说，对比时下的创业环境，现为联想控股有限公司总裁的柳传志感慨颇多。

"1984年我和10位同事开始创业的时候，除了商业风险以外，还有很多所谓的政策风险，有很多政策还是依据计划经济的法制法规制定的。和我同时间创业的一些企业家，后来都出了事，主要是因为环境、政策变了，而他们自己却不能调整。"在日前举行的"创业讲堂"全国演讲活动上，柳传志告诫前来听讲的大学生，想创业一定不要把事情想得那么简单，"有很多事情你越过雷池一步，就会铸成大错。"

今天，联想控股下辖联想集团、神州数码、联想投资、融科智地、弘毅投资5家子公司，2008年营业收入

1462亿元人民币。

"刚创办企业的时候，我们给IBM做代理，在一次经销商大会上，我穿着父亲的西装坐在最后一排，没想到后来把IBM全球PC业务并购了。如果不是咬着牙往下做，不会有现在的状况。"柳传志说。

"有一次和同学聊天，谈下辈子会干什么？他们的意愿是下辈子都不选现在的职业，就我说我下辈子还要做企业。"柳传志说，虽然做企业有时给我很多彷徨、痛苦，甚至一段时间还有很恐惧的心理，但是有一个好处，"就是在现在的市场环境下能够设计自己所要走的道路，人很大的兴趣就是感觉一步一步地往自己设定的目标方向去努力，最后能做到，这个感觉很特殊"。

回顾改革开放30年以来，中国创业者队伍不断壮大，已经产生了三代的创业家。以1978年为创业元年，2008年为创业新起点，30年间可划分为3代：

1978—1992年为第一代，"草根族"创业者唱主角，凭借的就是脱贫致富的强烈愿望和"闯江湖"的勇气；1992—2000年前后为第二代，"圈地族"创业者为主导（房地产和其它优势产业），主要能耐是善于利用时势和政策；2000年前后新经济为第三代，"网络族"创业者闪亮登场，多为海归背景，其最大优势就是几乎能够与世界同步。

2009年开始，将会出现第四代创业者，将以年轻人为主力军，可称为"青春族"创业者，其核心资源和竞争优势就是年轻、激情和梦想。

全民总动员，中国大创业。中国将给世界带来越来越多的惊奇。美国《战略与商业》杂志2006年1月发表署名文章说，虽然由于经济快速转型人们很难预见21世纪中国的发展趋势，但未来中国至少还将给世界带来五个"惊奇"。其中关系到创业的有三个：

强烈的创业意识。在强烈的创业意识推动下，中国产业迅速发展到一个西方用十年才能达到的成熟期。他们的创业理念从简单的低成本竞争转向产品品牌的建立。例如汽车行业，已经有了全方位的服务零售商，拥有了自己的汽车品牌。

大胆创新。中国经营者给人的印象往往是善于模仿，其实他们只把它作为企业发展的一个阶段。和欧洲公司相比，中国企业在新技术投资上表现得更为"大胆"，政府也加大了对研发方面的财政投入。中国在技术研究与开发上的投资仅次于日本和美国，位于世界第三位。

大批引进人才。引进人才的机制把中国企业提高到了一个更高的水平。香港、澳门、台湾的企业家纷纷在大陆设厂，已经在美国和欧洲公司"混得不错"的中国学生也回国创业，他们带来了先进的技术和管理经验。有大量的华人考虑回中国发展自己的事业。政府大力倡导"走出去"战略，鼓励企业领导学习国外的管理理念和技巧。

其余两个是：摆脱"关系"网，走向海外。

中国努力！中国创业者，加倍努力！

专家点评 *ZHUANJIA DIANPING*

知道这两句话的人一定很多：时势造英雄；识时务者为俊杰。然而，很多人或有识无为，或有为无识，终不能应运而生、顺势而起，因此英雄苦少，俊杰难觅。晚清民国，多少志士企图实业救国，却时运不济碰得头破血流。计划经济时期，个体经商、庭院种养，甚至被当成投机倒把来抓，当成资本主义尾巴来割。对成大业者来说，的确没有什么比选择正确的时间，顺应社会发展的大势，采取正确的行动，更为重要的了。时空交错，机遇难留。改革开放，鼓励创业。个人致富与国家兴旺，发财欲望与强国梦想，两者利益目标如此高度一致地重叠于"创业"之上，跨度长达30年，势头迄今不减，这在中国历史上是从未出现过的。可以毫不夸张地断言：中国的未来，属于创业者；创业者，将赢得中国的未来！

深度阅读

1. 《科学发展观学习读本》，中共中央党校出版社2008年版。

2. 高建：《全球创业观察中国报告（2007）——创业转型与就业效应》，清华大学出版社2008年版。

后 记

　　创业是当今世界最热门的关键词之一。党的十七大报告提出："实施扩大就业的发展战略，促进以创业带动就业。要完善支持自主创业、自谋职业政策，加强就业观念教育，使更多劳动者成为创业者。"我党把鼓励创业、支持创业摆到就业工作更加突出的位置，这是在总结我国近年来就业工作的实践，深入认识扩大就业的规律，科学分析我国就业形势的基础上提出来的。为了切实贯彻落实这一精神，2008年初，在中共湖南省委宣传部巡视员、湖南省社科联主席郑佳明同志的倡议和指导下，我们组织了由专家学者、实际工作部门的同志、媒体记者相结合的创作队伍，编写了《创业大本营》这本通俗读物。

　　本书的创作是一种新的尝试。为跳出理论著作往往过于追求严谨而活泼不足的模式，努力让本书成为创业者好读好记、愿读愿用的通俗读物，我们遵循"学术的基础、翔实的资料、活泼的形式、明快的语言"的创作思路，既追求讲清道理，又力求内容丰富、语言流畅，还在论述中穿插了党和国家领导人论创业、创业者的故事、名人名言、图片等鲜活的资料。为了方便阅读，把握要点，在每章最后还加入了"专家点评"和"深度阅读"。

　　本书的创作是集体智慧的结晶。中共湖南省委常委、宣传部长路建平同志百忙之中给本书作序，中共湖南省委原副书记、博士生导师文选德同志亲笔题写书名。本书由郑佳明和周发源担任主编，审定了写作提纲和书稿，对本书的编写、出版工作给予了悉心指导。湖南省社科联省情与对策研究中心承担了该书的具体组织和联络工作。本书创作历时近两年，从书名到篇章结构，从具体内容到编排形式，大大小小的讨论、修改进行了十多次。汤建军组织并参与了本书的组稿、修改和统稿，并做了大量的联络协调工作。隆湘成、林国标、黄云志、刘生康、左心琳、王佳军、孟桢等同志参与了本书初稿的撰写和修改。隆湘成、黄云志、王丹宇、许淑扬、巩彩利、郭亚敏、刘晨、廖翠容、孟悦、缪世岭、张明娟、蔡翠、胡月诗、董慧敏、何敏、蔡佳等作了大量资料收集和整理工作。本书参考了大量的国内外创业家、学者、记者的成果，在此一并向他们表示诚挚的谢意。

我们力求把本书编写成一本观点准确、形式活泼、语言生动、好读好用的通俗读本，也确实为此做了很大努力。但由于是一种新的尝试，加上我们水平有限，不足之处在所难免，期望读者不吝批评指正！

编　者

2009年9月

图书在版编目（CIP）数据

创业大本营/郑佳明 周发源主编 . – 北京：人民出版社，2009.11
ISBN 978 – 7 – 01 – 008388 – 9

Ⅰ. 创… Ⅱ. 郑… Ⅲ. 职业选择 Ⅳ. C913.2

中国版本图书馆 CIP 数据核字（2009）第 187684 号

创 业 大 本 营
CHUANGYE DABENYING

主　　编　郑佳明　周发源
责任编辑　姚劲华　苏向平
出版发行　人民出版社
　　　　　（100706　北京朝阳门内大街 166 号）
网　　址　http：//www. peoplepress. net
经　　销　新华书店总店北京发行所
印　　刷　北京佳顺印务有限公司
版　　次　2009 年 11 月第 1 版
　　　　　2009 年 11 月北京第 1 次印刷
开　　本　710 毫米×1000 毫米　1/16　印张　16.75
字　　数　160 千字
书　　号　ISBN 978 – 7 – 01 – 008388 – 9
定　　价　32.00 元